365 Inspirationen- für mehr Fülle, Glück, Erfolg und Zufriedenheit in Ihrem Leben

Gedanken für jeden Tag

Authored by Barbara Costa
ISBN-13: 978-1976338502 (CreateSpace-Assigned)
ISBN-10: 1976338506

Hinweis:

 Die Inhalte dieses Buches wurden mit größter Sorgfalt erstellt. Für die Richtigkeit, Vollständigkeit und Aktualität der Inhalte kann die Autorin jedoch keine Gewähr übernehmen. Die Autorin hat sich bemüht, so genau und vollständig wie möglich die Thematik zu Erfolg und Motivation zu beschreiben. Doch in praktischen Ratgeber-Büchern, wie auch bei allem anderen im Leben, gibt es keine Garantie auf Erfolg. Die Leser werden darauf hingewiesen, auf ihre eigene Meinung und ihr Gefühl zu hören und so auch gemäß ihren individuellen Umständen zu handeln. Diese Tipps und Informationen sollen für das persönliche Wachstum hilfreich sein.

Lektorat: Jana Oltersdorff

Covergestaltung: pro_ebookcovers

Cover-Titelbild: https://de.depositphotos.com/32782421/stock-illustration-watercolor.html

Urheber: tiff20

Datei-ID: 32782421

Impressum:

Herausgeber/Autorin: Barbara Costa

Boznerst. 46

39011 Lana (BZ)

Italien

info.lebegesund@gmail.com

Mein besonderes Dankeschön!

Geht an meinen Mann und an meine drei wundervollen Kinder für ihre Liebe und Unterstützung.

Ohne sie würde es dieses und den Rest meiner zahlreichen Projekte nie geben.

Ganz besonders möchte ich dieses Buch meiner Tochter widmen, sie hat mich dazu inspiriert.

Ein herzliches Dankeschön möchte ich auch Ihnen, liebe Leser/innen, hier schreiben, für den Kauf des Buches.

Freundliche Grüße

Barbara Costa

Inhaltsverzeichnis:

Einleitung:

Dieses Buch soll Ihnen helfen, mehr aus Ihrem Leben zu machen, Ihr Leben bewusster und achtsamer zu erleben. In vielen Situationen wissen wir, was gut und schlecht für uns, unseren Körper, Geist und Seele ist. Kritik anzunehmen und an andere weiter zugeben, ist weitaus einfacher, als an sich zu arbeiten. Sich selbst zu motivieren und ein glückliches und zufriedenes Leben zu führen und das jeden Tag, fällt sehr vielen Menschen schwer.

Doch jeden Tag eine kleine Übung zu machen und auf seine Ziele hinzuarbeiten, ist gar nicht einmal so einfach. Kleine tägliche Unterschiede in unserem Leben bewirken mit der Zeit große Veränderungen. Beginnen Sie mit kleinen Schritten, dann sind Sie bereits auf dem richtigen Weg, Ihre Ziele zu erreichen.

Sie können dieses Buch auf einmal durchlesen und die „Übung" oder den Gedanken zum Tag selbst aussuchen, oder Sie entscheiden sich, jeden Tag einen Tipp aus diesem Buch durchzulesen und danach auch zu handeln.

Machen Sie es sich zur Gewohnheit, jeden Tag wirklich nach einem dieser Tipps zu handeln. Versuchen Sie es eine Woche, dann noch eine, Sie werden bemerken, dass es auch Spaß machen kann. Sie entfalten Ihre volle Achtsamkeit und Kraft und sind bereit für Neues im Leben.

Ihr Leben wird sich zum Positiven verändern, ergreifen Sie alle Möglichkeiten, welche das Leben bietet. Beginnen Sie heute noch, auch wenn heute nicht der erste Tag im Jahr ist. Lesen Sie diese Gedanken und Inspirationen und wenden Sie sie täglich in Ihrem Alltag an.

Sie befinden sich bereits auf dem richtigen Weg zu mehr persönlichem Wachstum, das zu mehr Fülle in Ihrem Leben führen wird.

Alles Liebe

Ihre Barbara Costa

Kapitel 1 – Der Grundstein

Fülle, Zufriedenheit, Erfolg oder auch Misserfolg ist kein Zustand, der irgendjemanden einfach so zufällig trifft. Dies sind Folgen von entweder positiven oder negativen Gedanken. Sicher bin ich mir auch, dass Erfolg nicht unbedingt etwas mit Glück zu tun hat, sondern vielmehr als eine Folge von mutigen Entscheidungen, positiven Gedanken und den daraus entstehenden Handlungen.

Hier ist der erste Schritt, an Ihrer Lebenseinstellung zu arbeiten. Wollen Sie Veränderungen, dann müssen Sie auch handeln. Solange Sie an sich glauben, können Sie alles erreichen, was Sie wollen. Denn Erfolg stellt sich nicht alleine durch die richtigen Entscheidungen ein, welche Sie zur richtigen Zeit auch treffen, sondern durch mutiges Handeln. Ihre Außenwelt ist immer der Spiegel Ihrer Innenwelt. Je mehr Fülle wir im Inneren entdecken, dies erkennen, annehmen und ausleben, desto mehr Fülle werden wir auch im Außen erfahren und erreichen.

Der Schlüssel für Fülle und Erfolg liegt in unserer eigenen Lebenseinstellung. Das Geburtsrecht eines jeden Menschen ist, in Fülle zu leben. Den Grundstein dafür legen nur Sie, kein anderer Mensch ist dafür verantwortlich, indem Sie Ihre Lebenseinstellung, Ihre Gedanken und Ihre Handlungen verändern.

Alles in dieser Welt basiert auf Vibration. Auch Sie. Die Welle, auf der Sie gerade schwingen, aktiviert alles, was sich auf dieser Welle befindet. Ähnlich zu zwei Klavieren. Schlagen Sie eine Saite an, dann beginnt dieselbe Saite im zweiten Klavier zu schwingen. Wir erleben immer das, wofür wir offen sind. Viele Menschen können vor dem gleichen Gemälde stehen, jeder sieht etwas Anderes. So ist es auch mit jeder Situation, in der Sie sich befinden. Sie sehen, was Sie durch den Filter Ihrer Erlebnisse durchlassen.

Liebe ist die Schwingung der Fülle, der Schönheit, die alles möglich macht.

Es gibt Worte ohne Laute, den Ton einer klatschenden Hand. Die Stille im Universum, die Stille in der Tiefe jeder Seele. Kein Suchen ist notwendig, nur liebevolles Zulassen.

Jemand sagte mir einmal: Schenke dem Beginn Aufmerksamkeit, denn wie es beginnt, so wird es auch enden. Ein guter Grund, den Tag mit einem Lächeln zu beginnen.
Wie oben, so auch unten; ein hermetisches Gesetz. Auch die kleinste, freundliche Handlung spiegelt sich wider, kommt zurück, zu Ihnen. Wir entscheiden jeden Moment, was zu uns zurückkommt. Die Kraft der Anziehung ist immer am Werk, immer aktuell. Sie kennt nicht gut oder schlecht. Sie erkennt nur das Gleiche. Gedanken, Worte, Handlungen – alles sind Vibrationen, auf die die Kraft der Anziehung reagiert. Viele Menschen beklagen sich über dieses und jenes. Nichts kann jemals recht sein. Auch an Ihren schlechtesten Tagen gibt es jemanden, dem es schlechter geht. Ein Lächeln, ein liebes Wort, eine gut gemeinte Geste befreit nicht nur Sie von den Fesseln des Klagens, es bringt ein bisschen mehr Heilung in diese Welt.
Letztendlich, was immer Gutes Sie jemand anderem zukommen lassen, kommt immer wieder zu Ihnen selbst zurück. Zugegeben, nicht immer so, wie Sie es wollten und auch nicht immer dann, wenn Sie es bräuchten. Das Universum ist nicht laut mit seinen Geschenken, ist aber immer da, wenn Sie bereit sind, diese anzunehmen.
Wie wäre es, für nur einen Tag „Ja“ zu sagen. Alles anzunehmen, wie es kommt. Kein Urteilen, kein Verdrängen, einfach nur „Ja“. – Zufriedenheit findet ein Zuhause.
Wollen wir Fülle, müssen wir in Fülle denken und handeln. Es liegt an jedem Einzelnen. In Fülle denken ist eine Gewohnheit, genauso wie die Gedanken, dass nichts mehr lebenswert ist.
In der Früh zu entscheiden, was ich heute erreichen will, ist schon das halbe Ziel erreicht.
Erfolgreich sein, heißt tun, was Sie tun müssen. Auch wenn andere Ihnen sagen, dass es dumm ist, Sie das nie erreichen werden. Zu sich selbst zu stehen, ist der größte Erfolg. Das wirkliche Leben beginnt, sobald wir unsere Komfortzone verlassen. Kein Alter entscheidet, heute bin ich wirklich ich. Das Kind, die Ideen, der Mut, den ich einmal hatte. Heute bin ich einfach ich. Versuchen Sie, diesen Gedanken täglich mit sich zu nehmen.

Zu wissen, was Sie wollen, dieses aber nicht anzustreben, wird Sie niemals näher zur Erfüllung bringen.

Zu wissen, wo Sie hinwollen, ohne jemals den ersten Schritt zu machen, hält Sie dort, wo Sie gerade sind, für immer auf.

Fragen bringen Antworten, erweitern den Horizont, bieten neue Möglichkeiten. Fragen und in Frage stellen erfordern Mut und antworten mit Inspiration.

Das Leben ist ein Erlebnis. Ist endlose Energie im Turbogang. Nur Zweifel und „Das-ist-nicht-möglich-Entscheidungen“ bringen diese Energie zur Stagnation. Wir sind geboren zu leben, zu lieben, zu lachen. Lassen Sie sich – nur einmal für einen Tag – von niemand anderem davon abhalten.

Wie Sie ein wirkliches Ziel erkennen? Es macht Ihnen ein bisschen Angst. Es erscheint ein bisschen schwer. Entscheiden Sie sich trotzdem dafür, erhalten Sie die Kraft und Einsicht, einen Fuß vor den anderen zu setzen. Rosengärten und Ihr Leben haben eines gemeinsam: Sie reflektieren die Pflege und Fürsorge, die sie erhalten. Um die Fülle, die das Universum für Sie vorgesehen hat, zu erhalten, ist es gut, hin und wieder den Gedanken, wie es eigentlich sein soll, aufzugeben.

Lebensziel: Gehen Sie schlafen mit einem Traum, um mit Ihrer Berufung zu erwachen. Mit dem Lesen eines Buches ist es ähnlich wie mit dem Leben: Lesen Sie das gestrige Kapitel, kommen Sie nie zum Ziel. War gestern wirklich so wichtig, um heute dafür all Ihre Bemühungen aufzugeben?

Ein Weg zur Veränderung: Was heute noch ein Traum, ist morgen ein Plan und übermorgen Wirklichkeit. Negative Gedanken haben noch nie zu einem positiven Leben geführt. Manchmal ist es einfach gut, alles hinter sich zu lassen und neu zu beginnen. Alles loszulassen, was Sie niemals sein sollten, ist wahrscheinlich das schwierigste im Leben, um all das zu werden, wozu Sie von Anfang an bestimmt waren. Um vom Leben das zu bekommen, wonach Sie streben, brauchen Sie Mut, Mut und mehr Mut. Niemand anderer als Sie bestimmt, wie viel Mut Sie investieren wollen.

Wäre heute Ihr letzter Tag auf dieser Erde, wäre es wert, worüber Sie sich in diesem Moment wohl ärgern?

Prinzipiell arbeiten wir alle an dem gleichen Thema: unsere Angst zu überkommen, mutige Entscheidungen zu treffen – das Leben in all seiner Fülle zu erfassen. Der erste Schritt ist oft der schwerste. Der Schritt ins Unbekannte.

Wir wissen nicht, was uns erwartet. Vertrauen lernen, dass uns das Universum trägt und wir immer da sind, wo wir gerade sein müssen.

War es tatsächlich Glück oder Zufall? Oder waren es Ihre Gedanken, Ihre Entscheidungen, Ihre (Re-)Aktionen, die zu diesem Glück oder Missglück geführt haben? Dinge passieren jeden Tag und jedem Menschen. Gefällt es uns, sagen wir, es ist gut. Gefällt es uns nicht, dann ist es schlecht. Tatsächlich aber sind es nur Erlebnisse ohne jede Wertigkeit. Diese fügen wir durch unsere Erfahrungen hinzu.

Zwei Menschen können genau die gleiche Erfahrung haben. Die Interpretation ist jedoch verschieden. Annehmen wird Sie stärker machen; dagegen ankämpfen schwächt Ihre Energie. Das Gesetz der Anziehung ist kein Zauberstab. Nichts passiert über Nacht, doch kommen Änderungen in Zusammenhang mit neuen Gedanken, Ideen, Perspektiven und Menschen. Es liegt an Ihnen, aus dieser Fülle das zu finden, was Ihren Aspirationen entspricht. Intuition zu erkennen und mutig zu folgen. Zu visualisieren, was Sie vom Leben wollen, ist nur der halbe Weg. Ihre Visualisierung erzeugt eine gewisse Schwingung, die es möglich macht, das zu materialisieren, das hervorzubringen, was diese Schwingung enthält. Kein Auto steht zauberhaft in der Garage. Es ist die innere Überzeugung, das Wissen, die Gedanken, auch das ist für Sie „er-schwinglich".

Jeden Moment erschaffen Sie Ihre eigene Wirklichkeit. Das Gesetz der Anziehung funktioniert immer. Da ist nichts, das Sie dafür oder dagegen tun können. Es funktioniert jeden Moment, genauso wie die Erdanziehungskraft. Das Gesetz der Anziehung kann nicht anders, als mit Ihnen und Ihrer Vibration für Sie zu arbeiten. Fahrlässigkeit und nicht jeden Moment das zu erschaffen, was Sie im Leben wollen, ist eine Entscheidung, die Sie jeden Moment ganz alleine für sich selbst entscheiden. Ein einziger Gedanke hat nicht die Kraft, niemals endendes Unglück in Ihrem Leben zu erschaffen. Es sind die unterbewussten Gedanken, die auf Autopilot laufen, denen Sie keine Aufmerksamkeit schenken, die Sie in unbewussten Fesseln halten. Erwachen und Bewusstwerden; paradoxerweise der Weg nach innen ist der einzige Weg nach draußen.

Das „Opfer" zu sein, ist ein gelernter Zustand. Es liegt an Ihnen umzulernen.

Je voller Sie sind, desto fröhlicher werden Sie. Das Gesetz der Anziehung lehrt, sich selbst wichtig zu nehmen. Die Menschen um Sie herum sind immer nur so glücklich und fröhlich, wie Sie selber es sind. Mit anderen Worten, treiben wir beide im kalten Wasser, und Sie greifen nicht nach dem rettenden Ring, solange sie es können, werden wir wahrscheinlich beide ertrinken. Sie greifen nach dem Rettungsring und helfen uns beiden.

Alle Handlungen sind immer von Gedanken begleitet. Grundsätzlich haben Sie jeden Moment nur eine Entscheidung zu treffen: Die zwischen Liebe und Angst. Angst allerdings weiß sich gut zu tarnen.

Wir sind alle miteinander verbunden. Menschen, Tiere, Pflanzen, Dinge und die Geschehnisse um uns herum. Eine Erweiterung einer großartigen Existenz. Resonanz ist, was uns verbindet. Wir ziehen an, was uns am nächsten ist.

Wir sind nicht wirklich, wer wir glauben zu sein. Jeder von uns ist Energie, die in einem physischen Körper koexistiert. Wann immer der Gedanke erscheint, da muss doch mehr sein, fordert uns das Universum dazu auf, unser energetisches Selbst zu entdecken. Es ist unsere Aufgabe zu folgen und zu entdecken, wer wir wirklich sind.

Das Universum erwartet von uns nicht, uns aufzuopfern. Es bietet uns Fülle und Erfüllung. Wir können wählen, was wir in unserem Leben erschaffen wollen. Jede Zelle in unserem Körper hat eine bestimmte Aufgabe zu erfüllen. Auch wir sind wie eine Zelle in einem größeren Organismus. Kennen wir unsere Berufung, wissen wir, was wir tun müssen, dann trägt dies der Heilung und der Entwicklung des ganzen Organismus bei.

Im Leben eines jeden Menschen stellt sich irgendwann die Frage: Was ist meine Bestimmung? Was ist meine Aufgabe? Gibt es etwas, auf das ich stolz zurückschauen kann? – Unsere Aufgabe ist daher, dem Leben Sinn zu geben. Sinn geben, heißt Erfüllung finden. Erfüllung finden heißt niemals stagnieren. Veränderung ist nicht immer einfach. Es kann uns Angst machen. Welche Richtung sollen wir gehen? Jeder Weg, den Sie einschlagen, ist der richtige, bringt Sie dorthin, wo Sie sein sollen, ist ein Baustein zum weiteren Leben. Wichtig ist, eine Entscheidung zu treffen und mutig weiter zu gehen. Werden Sie sich Ihrer Emotionen bewusst, und Sie steuern Ihr Leben bewusst. Schenken Sie jenen Emotionen besondere Aufmerksamkeit, die Ihnen unangenehm sind, die Sie andere lieber nicht sehen lassen wollen.

Jede Reise bedarf zweier Dinge: Eine Destination und einen Plan, um dorthin zu kommen. Mit dem Leben ist es nicht anders. Eine Reise mit vielen Windungen und Kurven, versuchten Abkürzungen und Umwegen. Sie alleine bestimmen Schritt für Schritt, wann, wo und warum. Manchmal erscheint das Gesetz der Anziehung komplex. Umdenken und Umprogrammieren bedürfen Übung und Zeit. Gefällt Ihnen nicht, was Sie geschaffen haben, entscheiden Sie sich neu. Nicht gestern, nicht morgen, Entscheidungen werden immer nur im Hier und Jetzt getroffen.

Die wahre Natur unserer Seele ist Energie oder Schwingung; körperlos zu menschlichen Begriffen. Aber so ist auch Elektrizität oder der Funk. Auch mit unserer Seele können wir kommunizieren. Es bedarf der Stille und genauen Hinhörens. Meditation und Träume sind unsere besten Werkzeuge, um mit unserem wahren Selbst in Verbindung zu treten. Bewusstsein erfolgt auf vielen Ebenen. Das Körperbewusstsein ist nur eine geringe Ebene. Was wir sind, woher wir kommen und wohin wir gehen, sind die großen Mysterien des Abenteuers Leben. Eine Reise ohne Anfang und ohne Ende.

Ihre Seele ist die kreative Kraft in Ihrem Leben. Wo zieht es Sie hin? Wo spüren Sie Glück und Erfüllung? Funktioniert es, dann machen Sie weiter. Wenn nicht, suchen Sie eine neue Perspektive und treffen eine neue Entscheidung. Das Universum präsentiert sich immer genau so, wie wir entschieden haben, es wahrzunehmen. Oft sind jene Menschen, die uns im Weg stehen, großartige Katalysatoren, Wegweiser, die uns auffordern, genauer hinzuschauen und eine andere Richtung einzuschlagen.

Liebe und Selbstfindung gehen immer Hand in Hand. Werden Sie sich bewusst, ein einzigartiges Wesen zu sein, und erwecken und erforschen Sie Ihre einzigartigen Fähigkeiten.

Kapitel 2 – Integrieren Sie die Meditation in Ihren Alltag

Während der Meditation wird im Allgemeinen ein gesunder Level an Entspannung erreicht. Ihr Körper tritt in tiefste Ruhe ein, die in keinem anderen Bewusstseinszustand erreicht werden kann.

Ihr Gehirn ist in dieser Phase sehr wachsam. Bei einigen Tests wurde bei Meditierenden die Gehirnaktivität gemessen und festgestellt, dass sich ihr Gehirn in einem Zustand der erholsamen Aufmerksamkeit befindet. In diesem Zustand ist das Gehirn sehr wachsam, aber dennoch konzentriert und entspannt. Manche Prozesse laufen im Körper genauso ab, als wenn er sich im Schlaf befinden würde. Die Atmung und die Herzfrequenz sinken und der Körper gelangt in eine erholsame, tiefe Entspannung.

Während des Meditierens passiert es also, dass Sie die Fähigkeit haben, Ihrem Körper und Geist zu sagen, dass er sich entspannen soll. Bei der Meditation lernen Sie in vollkommener Weise den Zugang zu Ihrem Körper. Nur Sie können Ihren Körper kontrollieren und ihn in bestimmte Zustände versetzen. Nur Sie erleichtern Ihrem Körper während der Meditation die richtige Entscheidung hinsichtlich einer bestimmten Frage. Beginnen Sie mit der für Sie einfachsten Meditation und arbeiten Sie sich zu den komplexeren Techniken hoch. Vor Beginn jeder Meditation sollten Sie sich bewusst sein, dass bestimmte Gefühle oder Gedanken, aber auch traumatische Ereignisse aus Ihrer Vergangenheit wieder hochkommen können. In einer solchen Situation sollten Sie mit einem fähigen Trainer diese Probleme angehen. Das ist besonders wichtig, wenn Sie mit der Meditation beginnen. Sollten Sie schwerwiegende psychotische Probleme haben, bitte ich Sie, die Meditation nur unter ärztlicher Begleitung zu praktizieren.

Warum sollten Sie meditieren?

Der Verstand nimmt einfach zu viel Kraft aus unserem Körper und der Seele. Meditation ist eine sehr gute Möglichkeit, Ihr gesamtes Dasein einmal richtig auszuruhen. Den ganzen Tag über denkt und denkt und denkt man. Der Körper ist müde und erschöpft, wobei Sie auch zu keiner klaren Antwort kommen. Sie sind voll mit Fragen zu Ihren Problemen und kommen trotz des Denkens zu keiner richtigen Lösung. Wer meditiert, wird hilfreich dabei unterstützt, klarer zu denken, glücklicher zu sein und stärker und freier zu werden. Ihr Geist kann freier werden und Platz für die Lösung Ihrer Probleme schaffen. Sie müssen sich aber die Zeit fürs Meditieren nehmen. Wenn wir uns die Zeit für etwas, was wir machen möchten, nicht nehmen, wird die Zeit nie zu uns kommen. Gönnen Sie sich diese wertvolle Zeit. Nehmen Sie sich am Anfang mindestens diese 10 Minuten täglich. Manchmal fesselt uns einfach der Alltag zu viel. Zwischen Arbeit, Kindern, Haushalt und Freunden findet man nicht mehr viel Zeit für sich selbst. Aber 10 Minuten am Tag, die hat jeder Mensch übrig. Sagen Sie sich: "Ich nehme mir täglich 10 Minuten Zeit, nur für mich"!

Wenn Sie meditieren, können Sie ziemlich viel über sich selbst, sowie die Welt um Sie herum lernen.

Sind Sie bereit, in die Meditation einzutauchen? Dann suchen Sie sich Ihre "erste" Übung aus einigen der folgenden 10 Beispiel-Übungen aus:

Dies ist ein ganz kurzer Auszug aus meinem Buch:
https://www.amazon.de/Meditation-lernen-finden-inneren-Stille-ebook/dp/B00MR1DH28/

1. Einstiegsübung:

Eine einfache Übung für den Einstieg in die Meditation ist die Konzentration auf das Atmen. Suchen Sie sich einen störungsfreien Raum oder Ort und versuchen Sie, ganz bequem, aufrecht und unverkrampft sitzend, sich mindestens 5 bis 10 Minuten lang ganz auf Ihren Atem zu konzentrieren. Schließen Sie, wenn Sie möchten, Ihre Augen. Atmen Sie ruhig ein und aus. Lassen Sie den Atem einfach fließen, und Sie werden schon nach kurzer Zeit merken, wie Sie ruhiger werden.

Die nächste Steigerung der Übung besteht darin, sich vorzustellen, wie mit jedem Atemzug Energie Ihren Körper durchflutet. Sie spüren diese Energie im Kopf, in der Brustregion und im Bauch. Dann fließt sie durch die Arme und Beine bis in die Fingerspitzen und Zehen. Vielen Meditierenden hilft es, bei der Entspannung einen Gegenstand oder ein Bild zu betrachten. Nehmen wir als

Beispiel eine Zimmerpflanze. Sie sehen die Pflanze ganz konzentriert an und stellen sich dabei vor, Sie selbst wären diese Pflanze. Sie fühlen die Sonne auf Ihren Blättern, Ihre Wurzeln stecken in der warmen nahrhaften Erde. Vielleicht werden Sie eine Blüte treiben können, die sich öffnet und einen herrlichen Duft verströmt.

Dabei atmen Sie immer gleichmäßig ein und wieder aus. Wenn Sie einen Wecker für die 5 bis 10 Minuten stellen möchten, ist das kein Problem. Ansonsten machen Sie diese Übung einfach so lange, wie sie Ihnen gefällt. Öffnen Sie anschließend langsam die Augen und bleiben Sie noch einen Moment ruhig sitzen.

2. Meditationsübung: Der Baum

Eine weitere sehr einfache Meditationsübung ist der Baum. Sie hilft sehr gut gegen innere Unruhe und Verkrampftsein. Finden Sie einen ruhigen, störungsfreien Raum und stellen Sie sich aufrecht und mit ganz leicht gebeugten Knien ruhig hin. Die Fußsohlen spüren deutlich den Boden. Sie verwurzeln praktisch mit ihm. Dann bewegen Sie sich mit dem Oberkörper ganz leicht hin und her, so wie ein Baum sich im Wind bewegen würde.

Stellen Sie sich vor, Sie seien biegsam und flexibel, aber gleichzeitig schlügen Sie Wurzeln im Boden, die Ihre Standfestigkeit und Kraft erhöhen. So frei und gleichzeitig tief verankert gewinnen Sie Selbstvertrauen. Diese Übung ist sehr gut geeignet, um innere Unruhe zu bekämpfen. Empfehlenswert für Anfänger ist eine Meditations-Musik im Hintergrund, eventuell mit Naturgeräuschen. Die Augen können Sie bei dieser Übung geschlossen oder auch halb offen halten, ganz nach Ihrem Gefühl.

3. Die 1-Minute-Meditation:

Eine sehr einfache Übung, die Sie fast überall machen können, selbst in der Arbeits-Mittagspause. Suchen Sie sich einen Ort oder Raum, egal wo, und stellen Sie Ihre Stoppuhr oder Ihren Wecker auf eine Minute. So wissen Sie, wann Sie aufhören können. Sind Sie bereit, dann setzen Sie sich bequem hin und starten die Uhr. Schließen Sie nun Ihre Augen und beachten Sie dabei die allerwichtigste Regel dieser Technik. Sie dürfen nicht lächeln.

Nein, nein, Sie sollen lächeln, denken Sie an etwas Lustiges. Nach einer Minute, sobald der Wecker läutet, öffnen Sie Ihre Augen. Achten Sie ganz genau darauf, wie Sie sich jetzt nach dieser Minute fühlen. Sie können sich auch auf Ihr Smartphone eine kostenfreie App downloaden. Hier hören Sie dann mit Ihren Kopfhörern eine Meditationsmusik Ihrer Wahl. Nach einer Minute endet die Musik und Sie können Ihre Augen wieder langsam öffnen. Die beste Methode, einfach zwischendurch kurz den Alltag abzuschalten. Aber ja nicht die wichtigste Regel dabei vergessen!

4. Atemzähl-Meditationstechnik (Variante 1)

Suchen Sie sich einen ruhigen Raum oder einen geeigneten Ort für Ihre Meditation. Setzen Sie sich bequem hin, die Wirbelsäule gerade, die Hände auf den Schoß, wobei sich die Daumen eventuell berühren sollten. Schließen Sie Ihre Augen und atmen Sie ganz normal gleichmäßig weiter. Tief ein- und wieder ausatmen. Richten Sie Ihre Konzentration aber auf den Atem und mit jedem Ausatmen zählen Sie nun mit. Das Ein- und Ausatmen zählen Sie dann mit 1, beim nächsten Ein- und Ausatmen 2 und so weiter bis 10. Dann beginnen Sie wieder von vorne. Sie sollten sich ganz auf Ihren Atem und aufs Zählen konzentrieren. Bei dieser Meditationsübung ist es wichtig, sich nicht zu verzählen und nicht über die 10 hinauszukommen. Stellen Sie am besten Ihren Wecker auf 10 bis 15 Minuten, es können aber auch 5 bis 10 Minuten sein, ganz wie es Ihnen in diesem Moment gefällt. Abschließend, nach der Meditationszeit, öffnen Sie langsam Ihre Augen und bleiben noch einen Moment sitzen.

5. Atemzähl-Meditationstechnik (Variante 2)

Suchen Sie sich einen ruhigen Raum oder einen geeigneten Ort für Ihre Meditation, ganz wonach Ihnen im Moment gerade ist. Setzen Sie sich bequem auf ein Sitzkissen auf den Boden, halten Sie dabei Ihre Wirbelsäule gerade und legen Sie die Hände in den Schoß. Stellen Sie Ihren Wecker ein: Wie lange möchten Sie heute meditieren? 10 Minuten oder 15 Minuten? Nun schließen Sie Ihre Augen und atmen ganz normal ein und wieder aus. Beobachten Sie dabei Ihren Brustkorb, wie er sich hebt und wieder senkt. Wir zählen ganz genau, wie bei der ersten Variante dieser Atemtechnik.

Wir atmen ein und beim Ausatmen zählen wir wieder. Bei dieser Technik überspringen wir die Nummer 5 und die Nummer 10. Wir zählen also bis 4 und dann wieder bei der 6 weiter. Genauso machen Sie es bei der 9, dann weiter zur Nummer 1. Bei dieser Technik ist Konzentration einfach ausschlaggebend. Es ist aber besonders für Anfänger eine sehr wirkungsvolle Übung. Merken Sie sich einfach: Bequem hinsetzen, Wecker stellen, sich aufs Atmen konzentrieren und beim Zählen die 5 und die 10 auslassen. Nach der Meditation langsam die Augen öffnen und noch einen Moment ruhig sitzen bleiben.

6. Meditationsübung: Mutter Erde spüren!

Wann sind Sie das letzte Mal barfuß gelaufen? Manche Menschen versuchen dies das ganze Jahr über. Ich schaffe das persönlich nicht. Muss man ja auch nicht. Aber im Sommer liebe ich es umso mehr. Versuchen Sie, diese Geh-Meditation öfter unter der Woche in Ihren Alltag einzubinden. Oder wenn nötig, kaufen Sie sich Barfußschuhe.

Barfuß den Waldspaziergang zu machen, ist ein schönes Erlebnis. Schauen Sie sich Kinder an, die haben damit überhaupt kein Problem. Zuerst werden Sie ein eher unangenehmes Gefühl haben, sobald auch einige Kieselsteine plötzlich unter Ihrer Fußsohle sind. Aber schon bald, nach drei oder vier Spaziergängen, spüren Sie, wie Ihre Fußsohlen massiert werden. Sie spüren die Wärme und wie es Ihnen auch anschließend noch sehr lange eine Wohltat bereitet. Achten Sie beim Gehen auf jeden Schritt und worauf Sie treten. Sie werden sehr bald viel achtsamer und genießen das Barfußlaufen. Wie Sie es machen, bleibt Ihnen überlassen – Ihre Wahl ist genau das Richtige für Sie.

7. Einfache Meditation für zu Hause

Wenn Sie zu Hause meditieren und ungestört sind, würde ich Ihnen diese einfache Methode empfehlen. Nehmen Sie sich dazu etwas Zeit (15 bis 20 Minuten), setzen Sie sich bequem hin und schließen Sie die Augen. Atmen Sie nun einige Male tief ein und wieder aus. Konzentrieren Sie sich dabei ausschließlich auf Ihre Augenlider. Diese versuchen Sie dabei ganz zu entspannen. Ihr Gefühl sollte Ihnen mitteilen, dass es, so wie Sie es gerade machen, vollkommen richtig ist. Wiederholen Sie dies zweimal (tief ein- und ausatmen und konzentrieren). Anschließend sollten Ihre Augenlider komplett entspannt sein. Diese Entspannung verlagern Sie nun auf andere Körperteile. Anschließend zählen Sie innerlich bis 3 und öffnen die Augen.

Aber Ihr entspannter Zustand soll sich auf keinen Fall dadurch ändern. Sagen Sie sich nun innerlich das Wort "Schlaf", und flüstern Sie sich zu, dass Sie bei diesem Wort "Schlaf" doppelt so tief in die Entspannung gehen. Schließen Sie nun wieder Ihre Augen. Nehmen Sie sich dabei einen anderen Körperteil vor, zum Beispiel die Nase, und konzentrieren Sie sich nur auf diese. Auch hier zweimal wiederholen. Auch auf die Ohren, den Hals und das Herz können Sie sich konzentrieren. Auch hier zweimal wiederholen. Dabei immer tief ein- und wieder ausatmen. Bis 3 zählen und die Augen öffnen, dabei wiederholen Sie das Wort "Schlaf" und flüstern sich zu, dass Sie dabei doppelt so tief in Entspannung gehen. Ich schlage Ihnen vor, zu Beginn dieser Technik mit 2 bis 3 Körperteilen zu meditieren.

Schon bald werden Sie feststellen, dass es Ihnen immer schwieriger fällt, Ihre Augen zu öffnen. Sobald es Ihnen schwerfällt, die Augen zu öffnen, lassen Sie von nun an Ihre Augen geschlossen. Konzentrieren Sie sich nun auf Ihre Hand. Spüren Sie Ihre Finger? Egal welche Hand Sie wählen, nehmen Sie sie wahr. Beginnen Sie bei dieser Übung in kleinen Schritten. Sie können auch nur 2 Körperteile wählen und sobald Ihre Augen geschlossen sind, konzentrieren Sie sich auf eine Ihrer Hände und anschließend auf die einzelnen Finger.

Diese Meditationstechnik sollten Sie auf jeden Fall einmal versuchen. Ich habe durch diese Technik meine Kopf- und Bauchschmerzen sehr gut in den Griff bekommen. Denn sobald Sie nach einigen Meditationsübungen etwas geübter sind, konzentrieren Sie sich zum Schluss, statt der Hand/Finger, nur auf Ihren Bauch oder Kopf. Jeder Mensch, der sich auf eine bestimmte Sache für eine bestimmte Zeit konzentrieren kann, wird diese Übung mögen.

8. Einfache Meditationsanleitung:

Maha (Bedeutet groß)

Nehmen Sie sich etwa 15 bis 20 Minuten Zeit für sich. Schließen Sie alle Störfaktoren aus und wählen Sie bequeme Kleidung und eine Yogamatte. Legen Sie sich nun auf diese Matte und richten Sie Ihre ganze Aufmerksamkeit auf sich selbst. Nun versuchen Sie, all Ihre Muskeln von Ihren Zehen bis zum Scheitel anzuspannen. Halten Sie für einen Moment diese Spannung und lassen Sie Ihre Muskeln wieder locker. Versuchen Sie, dies 2 bis 3 Mal zu meistern. Anspannen, halten und wieder loslassen. Nun richten Sie sich auf und wählen eine bequeme Sitzhaltung, zum Beispiel den Schneidersitz. Schließen Sie nun Ihre Augen, Hände in den Schoß, Handflächen nach oben. Verschicken Sie nun all Ihre Gedanken. Denken Sie einfach an ein schönes Wort (Frieden) und wiederholen Sie es eventuell einige Male. Richten Sie nun Ihre ganze Konzentration auf den Raum, in dem Sie sich befinden.

Wo befinden sich die Couch, die Grünpflanze, das Fenster, usw.? Hören Sie das Ticken der Uhr? Gut! Nun versuchen Sie, zurück zu Ihrem Körper zu kommen, atmen gleichmäßig ein und wieder aus und konzentrieren sich ganz auf Ihre Atmung und Ihren Herzschlag. Beim Einatmen durch die Nase füllt sich Ihre Lunge, der Brustkorb wird angehoben. Atmen Sie durch den leicht geöffneten Mund wieder aus. Ärgern Sie sich nicht, wenn fremde Gedanken Sie stören. Nehmen Sie diese wahr und verschicken Sie sie wieder. Sie werden sehen: Übung macht den Meister. Stellen Sie sich nun vor, bei jedem Atemzug wüchsen aus Ihnen Wurzeln in den Boden. Sie sinken tief in die Meditation und entspannen sich voll und ganz. Verbleiben Sie in diesem Moment, solange Sie möchten (15 bis 20 Minuten).

Abschließend konzentrieren Sie sich auf Ihre Zehen, Hände und Finger. Spüren Sie sie? Nehmen Sie sie wahr und beginnen Sie, Ihre Zehen und Finger langsam zu bewegen. Richten Sie nun Ihre Aufmerksamkeit wieder auf den Raum. Hören Sie irgendwelche Geräusche? Lauschen Sie ganz bewusst. Öffnen Sie nun langsam die Augen und bleiben Sie noch einen Moment sitzen.

9. Seifenblasen-Energie

Wählen Sie einen störungsfreien Raum und ziehen Sie sich bequeme Kleidung an. Setzen Sie sich bequem auf ein flaches Kissen und schließen Sie Ihre Augen. Atmen Sie nun einige Male tief ein und wieder aus. Stellen Sie sich nun vor Ihrem geistigen Auge jemanden vor, der Seifenblasen macht. Viele, viele Seifenblasen. Jede dieser Seifenblasen ist vollgetankt mit purer Energie, weißem grellem Licht. Nun jedoch stellen Sie sich bei jedem Einatmen vor, dass mit der

Luft zugleich ein Energieschwall von diesen Seifenblasen in Ihren Körper eindringt.

Fühlen Sie, wie die Seifenblasen platzen und die komplette Energie in Ihren Körper eindringt, freigesetzt wird und durchflutet. Helles, weißes, grelles Licht erscheint. Diese Energie erreicht nun einzelne Körperteile, die Augen, Nase, Ohren, Stirn. Und immer und immer wieder nehmen Sie mit jedem Atemzug neue Energie auf. Diese durchflutet nun auch Ihr Kinn, den Hals, die Schultern und die Arme. Und wieder erreicht Sie neue Energie. Diese visualisierte Energie strömt in den Oberkörper, in den Unterleib, in die Beine und Füße bis zu den Zehen.

Bei jedem neuen Atemzug strömt neue Energie in einen betreffenden Körperteil. Sie sind nun vollgepumpt mit purer Energie und vor Ihrem geistigen Auge sehen Sie nun auch keine weiteren Energie-"Seifenblasen" mehr. Aber Sie spüren diese Energie im ganzen Körper. Langsam öffnen Sie nun Ihre Augen und nehmen wahr, was in Ihnen geschehen ist. Bleiben Sie dazu noch einige Momente ruhig sitzen.

10. Meditations-Übungen mit offenem Feuer:

Seien Sie hier bitte ganz vorsichtig. Ohne offenes Feuer können Sie sich während der Meditation einfach vorstellen, dass Sie von einem Meer aus Feuer umgeben sind. Sie verspüren jedoch keine Angst, denn die Flammen um Sie herum sind keine Gefahr für Sie. Atmen Sie gleichmäßig ein und wieder aus. Beim Einatmen nehmen Sie die Hitze der Flammen mit in Ihren Körper, so erwärmt er Sie vom Scheitel bis zu den Zehenspitzen. Es ist ein sehr angenehmes Gefühl. Sie spüren, wie sich Ihr Körper langsam erwärmt. Um die Körpertemperatur normal zu halten, geben Sie bei jedem Ausatmen wieder Hitze ab.

Eine Meditation vor einem Lagerfeuer oder vor einem offenen Kamin kann zwar sehr angenehm sein, aber Sie sollten sich der Gefahr immer bewusst sein. Setzen Sie sich vor das Feuer und betrachten Sie das Flackern der Flammen. Atmen Sie dabei gleichmäßig ein und wieder aus. Das Feuer beruhigt Sie und unterstützt Sie bei negativen Gedanken. Diese Gedanken verlassen bei jedem Ausatmen Ihren Körper. Wenn Sie möchten, können Sie auch die Augen geschlossen halten und Ihre Konzentration komplett auf das Knistern der

Flammen und den Geruch des Feuers richten. Stellen Sie sich einfach eine Feuerflamme in Ihrer Körpermitte vor. Sie bereitet keine Gefahr für Sie, im Gegenteil, sie erwärmt Ihren gesamten Körper.

Beim Ausatmen wird etwas Hitze, Ärger und Stress abgegeben. Die innere Flamme gibt Ihnen ein Gefühl des Friedens, der Liebe und Ruhe. Sie fühlen sich geborgen und frei.

Nicht nur Meditation unterstützt uns bei der Findung unserer Berufung, sondern auch das Erlernen, Erleben und Verstehen der 7 kosmischen Gesetze. Der Grundgedanke, auf welchem alle sieben Gesetze aufbauen, geht davon aus, dass in einem Universum jedes Geschöpf ein Recht auf freien Willen hat und bedingungslos angenommen wird. Die eigene Berufung zu finden, heißt dann soviel wie diesen freien Willen zu finden und ihn auszuleben, ohne Angst vor Fehlern oder Herausforderungen, die einem begegnen können.

Laut den Gesetzen sollte man auf den eigenen Geist hören, denn Gedanken beeinflussen unsere Realität und das, was wir erschaffen. Wissen wir, was wir wollen, können wir unsere Gedankenkraft dafür nutzen, dass es in die Realität umgesetzt wird. Mit dem Karma-Prinzip oder dem Ursache-und-Wirkung-Prinzip wird uns klar, dass alles, was wir machen, Konsequenzen hat. Finden wir etwas, was wir machen wollen und uns glücklich macht, und achten darauf, dass wir damit anderen Gutes tun beziehungsweise Nutzen bringen, wird Gutes zu uns zurückkommen.

Alles auf der Welt hat einen Sinn, und nichts geschieht zufällig, also alle Geschehnisse und alles, was dir widerfährt, dient dazu, zu deiner Berufung zu finden, zu der inneren Harmonie, die zum Beispiel laut dem Prinzip des Ausgleiches und der Harmonie eines der ultimativen Ziele unseres Seins ist.

Kapitel 3 – 7 kosmische Gesetze nach Thot

Beachten Sie stets die kosmischen Gesetze und leben Sie danach. Sie können diese Gesetze nicht umgehen, deshalb ist dieses Kapitel mir auch sehr wichtig. Denn beim Arbeiten mit dem persönlichen Wachstum, muss man die kosmischen Gesetze stets beachten. Diese universellen Gesetze nach Hermes Trismegistos (Thot), der esoterische, spirituelle, philosophische und alchemistische Lehren aller Art hinterließ, sollten Sie verinnerlichen.

Kurz und knapp erklärt:

1. Das Prinzip des Geistes:

Die Quelle unseres Lebens ist die unendliche Schöpferkraft. Alles ist Geist. Das Universum ist denkend und mental. Der Geist herrscht über die Materie. Jeder kann aus der Unwissenheit in das Wissen eintreten und Fülle und Vollkommenheit der Schöpfung annehmen. Die Welt verändert sich dadurch, Gedanken schaffen und verändern sich. Ihre Gedanken erschaffen Ihr Leben. Achten Sie auf Ihre Gedanken. Sie können schöpferisch oder zerstörend wirken.

2. Das Prinzip von Ursache und Wirkung

Jede Ursache hat ihre Wirkung und jede Wirkung hat auch daraus die Ursache. Aktionen im Leben erzeugen bestimmte Energien. Diese werden alle zu ihrem Erzeuger zurückkehren. Gleiches erzeugt Gleiches. Die Aktion ist gleich der Reaktion. Doch die Ursache kann unterschiedlich sein. Alles passiert nach den universellen Gesetzen. All unsere Gedanken, all unsere Gefühle, Handlungen und Taten haben eine Ursache, die folglich eine Wirkung hat. Es gibt nur Ursache und Wirkung.

3. Das Prinzip der Entsprechungen oder Analogien

Hier wird gemeint, wie unten so oben, wie oben so auch unten. Wie innen, so auch außen, wie außen, so auch innen. Wie im Großen, so auch im Kleinen oder wie im Kleinen, so auch im Großen. Alles, was es auf dieser Erde gibt, gibt auf jeder Ebene des Daseins eine Entsprechung.

Damit meint man, man kann im Kleinen Großes entdecken oder wie wir das Innerliche erleben, so leben wir auch im Außen. Die Außenwelt ist der Spiegel der inneren Seele. Wenn Sie hier etwas verändern, verändert sich Ihr Leben und alles um Sie.

4. Das Prinzip der Resonanz

Ein sehr bekanntes Prinzip, das Ihnen sicher nicht neu ist. Gleiches zieht Gleiches an und wird durch Gleiches in unserem Leben verstärkt. Ungleiches stößt sich hingegen ab. Alle gesamten Lebensumstände werden durch persönliches Verhalten und Verhältnis bestimmt. Zum Beispiel zieht Negativität immer mehr davon ins Leben und kann zu Depressionen führen.

5. Das Prinzip der Harmonie oder des Ausgleichs

Alles Leben strebt nach Harmonie. Das Stärkere bestimmt immer das Schwächere und gleicht sich aus. Alles Leben besteht aus dem harmonischen Miteinander, dem Geben und Nehmen. Durch das Festhalten kommt kein Fluss zustande und bewirkt keinen Ausgleich und Austausch.

Der universelle Energiestrom stockt. Durch Geben und Nehmen kommt es gleichmäßig zum Ausgleich. Von mehr Fülle im Leben erhält man nur so viel, wie man auch bereit ist zu geben. So auch mit Liebe, Harmonie, Freude und vielem mehr. Alle unbewussten negativen Gedanken sollen sich lösen. Wenn Sie nicht Fülle annehmen und weitergeben, kann sich Ihr Leben nicht verändern. Um zu erhalten, müssen wir auch geben lernen, denn so ist der Fluss allen Lebens in Harmonie und strebt zum Ausgleich.

6. Das Prinzip des Rhythmus oder der Schwingung

Alles auf dieser Welt besitzt Gezeiten. was hineinfließt, das fließt wieder heraus. Was steigt, fällt auch wieder. Nichts kann stehen bleiben, denn alles ist in Bewegung. Alles ist Schwingung. In allem zeigt sich der Pendelschwung, der Rhythmus ist ausgeglichen. Der Schwung nach links entspricht dem Schwung nach rechts. Jenes, was starr ist, wird auch zerbrochen werden.

7. Das Prinzip der Polarität und der Geschlechtlichkeit

Alles hier auf Erden hat Pole, alles besitzt Gegensätze. Die Natur ist der beste Vergleich. Gleich und Ungleich sind dasselbe. Gegensätze haben nur verschiedene Schwingungsfrequenzen und tragen entgegengesetzte Vorzeichen. Wahrheiten sind halbe Wahrheiten der Menschen, Gottes Wahrheit ist Eins und vollkommen.

Alles soll in Einklang sein und seine Mitte finden. Geschlechtlichkeit ist in allem. Werte nicht und verurteile nicht ohne Wissen. Einheit ist Geschlechtlichkeit, welche sich auf allen Ebenen manifestiert. Alles ist weiblich und männlich und besitzt diese Elemente. Deshalb sollte man beide Aspekte ausleben, Gleichgewicht finden und somit die eigene Mitte.

~

365 Inspirationen- für mehr Fülle, Glück, Erfolg und Zufriedenheit in Ihrem Leben

Gedanken für jeden Tag

Liebe Leser/innen, die folgenden 365 Inspirationen sollen einen Grundstein für mehr Fülle, Glück, Erfolg und Zufriedenheit legen.

365 Inspirationen für alle Lebenslagen:

1. Rufen Sie Ihre Eltern an!

Sagen Sie mal wieder Hallo und bedanken Sie sich für alles, was sie jemals für Sie getan haben.

2. Komplimente verteilen!

Wenn Sie das nächste Mal unterwegs sind und jemanden sehen, der beispielsweise etwas anhat, das Ihnen gefällt, machen Sie demjenigen ein Kompliment. Wenn Sie positive Energie ausstrahlen, kommt sie zu Ihnen zurück.

3. Einfach einmal in den Spiegel lächeln!

Wenn Sie einmal schlechte Laune haben, stellen Sie sich vor einen Spiegel und lächeln Sie sich an. Sie werden sehen, wie sich Ihre Stimmung automatisch aufhellen wird. Man kann nicht wütend und gut gelaunt gleichzeitig sein. Entweder das Eine oder Andere. Sie entscheiden.

Lächeln Sie von Herzen, denn es gibt immer jemanden, der noch viel schlechter drauf ist als Sie. Wie möchten Sie den heutigen Tag verbringen?

4. Anderen eine Freude machen!

Bringen Sie doch einmal einen Kuchen oder etwas Leckeres zu essen mit für Ihre Arbeitskollegen. Die Stimmung auf dem Arbeitsplatz wird sich im Nu heben und eine gute Atmosphäre schaffen.

5. Sparschwein anlegen!

Wollen Sie sparen, doch es klappt nicht so richtig? Erinnern Sie sich an Ihre Kindheit zurück und wie Sie dort gespart haben: Mit einem Sparschwein. Statt das Kleingeld für Kleinigkeiten auszugeben, die Sie nicht brauchen, werfen Sie die übrigen Münzen eines Tages ins Schwein. Auch ein Einwegglas, welches Sie schön dekorieren, ist sehr hilfreich, hier können Sie einen Aufkleber mit „Urlaub" oder „Davon gönne ich mir etwas" erstellen und jeden Tag 50 Cent, 1 Euro oder mehr hineingeben. Jeden Tag! Rechnen Sie einmal aus, was Sie sich am Ende des Monats oder des Jahres sich leisten könnten?

6. Belohnen Sie sich!

Wenn Sie etwas erreicht haben, belohnen Sie sich. Seien Sie nett zu sich selbst und tun Sie sich was Gutes. Wie wäre es mit einem Bad, einem Stück Kuchen oder einem freien Abend nur für sich?

7. „Ich liebe dich"

Wann haben Sie es das letzte Mal zu Ihrem Partner gesagt? Damit ist aber nicht das routinierte „Ich liebe dich" nach einem Telefonat gemeint, sondern eine richtige, von Herzen kommende Liebesbekundung. Zeigen Sie Ihrem Partner auch nach vielen Jahren, dass Sie tiefe Gefühle für ihn empfinden.

8. Durchatmen!

In stressigen Situation kann ein Innehalten und einfach einmal langsam und tief durchatmen wahre Wunder bewirken! Intergieren Sie hier die beschriebenen Meditations-Übungen.

9. Me, Myself and I

Haben Sie keine Angst, auch einmal Dinge alleine zu unternehmen, nur mit sich selbst. Gehen Sie einen Kaffee trinken oder in ein Konzert und lernen Sie sich selbst von einer neuen und anderen Seite kennen.

10. Aufhören zu grübeln!

Wenn Sie merken, dass Sie mal wieder in einen Grübelstrom geraten, sagen Sie sich in Gedanken laut und deutlich „Stopp“ und setzen Sie sich einen Riegel vor. Übung macht den Meister!

11. Farbe bekennen!

Ziehen Sie im Alltag einmal etwas richtig Knalliges an, einen „Eyecatcher“ und beweisen Sie Mut zur Farbe. Das hebt die Stimmung, und bunte Farben verbreiten gute Laune. Bringen Sie etwas Sonne auch in die tristen Tage.

12. Handy nach Akkustand benutzen!

Wenn Sie zu viel am Smartphone sind und sich nicht davon lösen können, laden Sie es am Vorabend nicht zu 100% auf. Dann müssen Sie mit Ihrem Gerät sparsamer umgehen und können sich auf wichtigere Dinge konzentrieren.

13. Der Abend ohne Fernseher!

Am Abend entspannt man sich gerne mal bei einer guten Sendung. Finden Sie für sich andere Möglichkeiten, vom Tag abzuschalten. Je nachdem, was man sich ansieht, steigt der Stresspegel nur noch weiter an. Tun Sie etwas, das Ihnen positive Gedanken bringt und Sie ruhig einschlafen lässt. Versuchen Sie, diesen Tipp mindestens einmal in der Woche umzusetzen.

14. Ein „Grübelbuch“ führen!

Gegen zwanghaftes Grübeln hilft Schreiben. Schreiben Sie jedes Mal auf, was Sie gerade beschäftigt oder nervt. Alleine schon das Niederschreiben kann Ordnung in die Gedankenwelt bringen. Hier empfiehlt es sich, ein Tagebuch auf dem Nachttisch zu platzieren und die täglichen Eindrücke abends festzuhalten und so besser zu verarbeiten.

15. Ein wichtiges Ziel!

Nehmen Sie sich im Leben nicht viele große Ziele vor, an denen Sie arbeiten möchten. Wählen Sie einfach eines aus. Das Motto lautet: Ein Schritt nach dem anderen.

16. Natur genießen!

Sitzen Sie einfach einmal raus auf die Wiese und lauschen Sie der Natur. Was hören Sie?

17. Kerze ansehen!

Vielen Menschen fällt es schwer zu meditieren oder einfach einmal die Augen zu schließen. Stellen Sie daher eine Kerze auf und sehen Sie dem Tanz der Flamme zu. Schon bald werden Sie in eine Art ruhige Trance fallen, ohne viel Anstrengung.

18. Fingerfarben!

Hören Sie auf Ihr inneres Kind und machen Sie es einfach. Haben Sie früher gerne mit Fingerfarben gemalt? – Dann besorgen Sie sich einfach Farben, Papier, und los geht's.

19. Ein Tag ohne Uhr!

Verplanen Sie nicht immer Ihr ganzes Wochenende. Stellen Sie alle Uhren weg, oder gehen Sie einfach raus und hören Sie auf Ihre innere Uhr. Man muss nicht jeden Tag die Zeit im Auge behalten.

20. Lernen, Komplimente anzunehmen!

Sagen Sie einfach einmal nur „Danke". Sie müssen nicht noch erklären, von wo Sie das Kleid haben oder gar ein Kompliment verneinen. Ihrem Gegenüber reicht es schon, und Sie werden nicht in Erklärungsnot geraten.

21. Einmal richtig zuhören!

Wenn Ihr Partner, Arbeitskollegen, Eltern oder Ihre Kinder von ihrem Tag erzählen, schweifen wir gerne einmal ab und hören nur mit halbem Ohr zu oder machen etwas Anderes. Setzen Sie sich der Person gegenüber und vertiefen Sie sich ins Gesagte – lernen Sie, richtig zuzuhören.

22. Sich selbst Komplimente machen!

Jeder hat vieles an sich, das einem nicht gefällt. Wenn man die positiven Dinge an sich aufzählen muss, ist es schon schwieriger. Machen Sie sich Komplimente, wenn Sie etwas gut gemacht haben. Nur wenn Sie sich selbst schätzen, werden es auch Ihre Mitmenschen tun. Suchen Sie heute drei Dinge, die Sie glauben, gut meistern zu können, aus. Mit jeder Woche versuchen Sie, weitere zwei Eigenschaften zu finden.

23. Nie aufhören zu lernen!

Erweitern Sie Ihren Geist und Horizont. Hören Sie nie auf, sich im Leben weiterzubilden, sei es mit Büchern, Vorlesungen oder Fernsehdokumentationen. Investieren Sie in Ihre Bildung/Weiterbildung.

24. Schön sein um seiner selbst willen!

Machen Sie sich nicht nur schön, wenn Sie rausgehen. Legen Sie die Schlabberklamotten weg und machen Sie sich frisch, einfach nur für sich selbst.

25. Einen Brief schreiben!

Wie wäre es, statt sich bei Freunden mit E-Mails, SMS oder Facebook zu melden, einfach einmal einen Brief zu schreiben? Es ist persönlicher und etwas Besonderes für die Person, die ihn erhält. Wann haben Sie das letzte Mal einen Brief verschickt? Wer würde eine besonders große Freude mit Ihrem Brief haben (Verwandte oder Freunde im In-und Ausland)?

26. Dankbarkeit zeigen!

Überlegen Sie sich vor dem Schlafengehen drei Dinge, für die Sie an diesem Tag dankbar sind. So fällt es einem leichter, sich auf die positiven Dinge im Leben zu konzentrieren.

27. Einen Blick ins Portemonnaie werfen!

Wie viel Geld ist nach einem Tag übrig, und wofür wurde das Geld ausgegeben? Wir geben während eines Tages oft unbewusst Geld für Kleinigkeiten aus, ohne es zu merken. Fangen Sie an, darauf zu achten und sehen Sie zu, wie Sie einfach sparen.

Führen Sie ein Haushaltsbuch oder nutzen Sie eine App für Ihr Smartphone.

28. Müllproduktion reduzieren!

Fangen Sie mit kleinen Schritten an: Nehmen Sie statt Wegwerfschalen und – besteck richtiges mit. Bringen Sie für den Café to go eine eigene Thermoskanne mit, statt jeden Tag den Becher nach zwei Minuten Trinken wegzuwerfen.

29. Negative Gedanken sind nicht wahr!

Wenn man sich Sorgen macht, kommt schnell einmal das Worst Case Scenario auf, das alles nur schon schlimmer macht. Machen Sie sich immer wieder bewusst, dass das alles in Ihrem Kopf ist und nicht passiert ist und sehr wahrscheinlich auch nie passieren wird. Leben Sie im Hier und Jetzt.

30. Nicht allen recht machen wollen!

Passt einer Person aus Ihrem Umfeld Ihre Meinung nicht? – Tja nun, dann ist das so. Akzeptieren Sie, dass Sie es nicht allen recht machen können und schon gar nicht müssen.

31. Kontrolle über die Gefühlswelt!

Wenn Sie das Gefühl haben, sich nicht zusammenreißen zu können oder einen Gefühlsausbruch erleben, dann lassen Sie sich nicht von diesen Gefühlen leiten. Das sind bloße Momentaufnahmen Ihrer Gefühlswelt. Atmen Sie durch, zählen Sie bis 10, dann nochmals rückwärts bis Null und überdenken die Sache noch einmal, bevor Sie Dinge tun, die Sie später ganz bestimmt bereuen werden.

32. Spontaneität!

Gehen ein paar Freunde von Ihnen noch spontan einen trinken und laden Sie dazu ein? - Sagen Sie „Ja“! Denken Sie nicht an die Wäsche oder das Geschirr zu Hause. Es ist ja nicht so, als ob Sie jemand gefragt hat, ob Sie mit ihm auf der Stelle eine Woche verreisen möchten; zudem verbindet Spontanität.

33. Man kann von jedem etwas lernen!

Ob Kind oder Großmutter, von jeder Person kann man sich immer im Leben eine Scheibe abschneiden, hören Sie zu, seien sie achtsam, was andere zu sagen haben.

34. Ihre Innenwelt spiegelt sich nach außen!

Wenn Sie genervt sind, wirken Sie auch genervt, und das schreckt viele Menschen ab. Das, was Sie in Ihrem Inneren tragen, zeigen Sie auch nach außen, vergessen Sie das nie. Denn das könnte auch manche Reaktion von Ihren Mitmenschen auf Sie erklären.

35. Inspirationen suchen!

Fehlt es Ihnen momentan an Motivation? – Dann suchen Sie sich Inspiration von Menschen, die Sie bewundern. Lesen Sie über ihre Tricks und was sie vorantreibt.

36. Aus Fehlern lernen!

Denken Sie auch manchmal an peinliche Situationen zurück, die fast schon wehtun und verdrängen sie dann kurzerhand wieder? – Tun Sie das nicht mehr! Denn aus jeder Situation kann man im Leben etwas lernen, vor allem aus den schlechten. Akzeptieren Sie, was passiert ist und fahren Sie fort mit dem neu erworbenen Wissen.

37. Du bist, was du isst!

Wenn Sie häufig schlechte Laune haben, müde und ausgelaugt sind, dann kann ein möglicher Grund schlechte Ernährung sein. Überlegen Sie, was Sie heute gegessen haben und behalten Sie dabei immer im Hinterkopf: „Du bist, was du isst“.

38. „Nein“ sagen können!

Trauen Sie sich auch mal, einer lieben Freundin eine Bitte auszuschlagen. Wenn es Ihnen nicht passt, passt es einfach nicht, und das ist Ihr gutes Recht. Das ist immer noch besser, als dann schlechtgelaunt zu helfen, da hat niemand etwas davon.

39. Stichtage setzen!

Nehmen Sie sich nicht vor, etwas „bald“ oder „so schnell wie möglich“ zu erledigen. Schreiben Sie ein fixes Datum auf, das macht das Erledigen von vielen Aufgaben ungemein einfacher und bringt Ordnung.

40. Fokus auf das Hier und Jetzt!

Leben Sie nicht in Vorfreuden oder der Vergangenheit. Was geschehen ist, kann man nicht mehr rückgängig machen und was kommen wird, kann kein Mensch wirklich vorhersagen, meist kommt es sowieso anders als gedacht.

41. Ziele hinterfragen!

Fragen Sie sich, an was für einem Lebensziel Sie gerade arbeiten und ob es das ist, was *Sie* wirklich wollen. Manchmal halten wir an Zielen aus Prinzip fest, ohne zu merken, dass sie dem neuen Ich gar nicht mehr entsprechen.

42. Bitte lächeln!

Nehmen Sie sich vor, heute einer Fremden Person ein Lächeln zu schenken, und Sie werden ganz bestimmt eins zurückbekommen.

43. Ein Tag mit freien Ohren!

Viele Menschen laufen den ganzen Tag mit Kopfhören durch die Stadt und merken gar nicht, was um sie herum passiert. Nehmen Sie die Stöpsel aus den Ohren und lassen Sie die Geräusche der Menschen und der Stadt für einen Tag auf sich wirken.

44. Tagträume!

Nehmen Sie sich jeden Tag ein paar Minuten für Ihre Tagträume. Diese Träume müssen auch nicht realistisch sein, doch alleine das Fantasieren verursacht ein inneres, wohlig warmes Gefühl.

45. Everybody's Darling!

Hören Sie auf, allen gefallen zu wollen und es jedem recht machen zu wollen. Es wird immer Menschen geben, die Sie nicht mögen werden, und daran werden Sie auch nichts ändern können. Feiern Sie sich als Individuum und machen Sie sich keine Gedanken über andere.

46. „Just do it"

Nehmen Sie sich einen Tag vor, an dem Sie nicht lange zögern. Haben Sie gerade eine gute Idee, sind sich aber unsicher, ob Sie es wirklich machen wollen? – Tun Sie es einfach und sehen Sie, was passiert.

47. Schuhe aus!

Als Kind ist wahrscheinlich jeder gerne barfuß durch den Garten gelaufen, wieso also nicht heute? – Ziehen Sie die Schuhe aus und spüren Sie die Erde, das Gras und werden Sie eins mit der Natur.

48. Genießen, genießen, genießen!

Haben Sie Lust auf ein Stück Kuchen, aber denken schon wieder über Ihre Figur und den ungesunden Zucker nach? – Heute nicht! Genießen Sie alles, worauf Sie Lust haben. Man muss sich nicht immer einen Riegel vorschieben, im Leben gibt es schon genug davon. Heute heißt es einfach Genuss pur.

49. Was macht Ihr Sitznachbar?

Vertiefen Sie sich heute nicht in Ihr Smartphone oder die Zeitung. Lehnen Sie sich im Bus oder Zug einfach einmal zurück, und beobachten Sie Ihre Mitmenschen. Sie werden staunen, wie schnell man in ein Gespräch kommt.

50. Radio!

Versetzen Sie sich in die alten Zeiten zurück und schalten Sie statt des Fernsehers einfach einmal das Radio an und genießen Sie das aufkommende Gefühl von Nostalgie.

51. Entspannungsurlaub mit sich selbst!

Planen Sie ein Wochenende nur für sich ein. Gehen Sie in ein Wellnesshotel und lassen Sie es sich so richtig gut gehen. Ferien mit Freunden sind schön und gut, doch manchmal möchte man doch einfach auch mal seine Pläne durchziehen und keine Kompromisse eingehen.

52. Ab ins Auto!

Steigen Sie am Sonntag einfach einmal in Ihr Auto und fahren Sie los. Wenn Ihnen ein Ort gefällt, halten Sie an und sehen Sie sich um. Entdecken Sie Ihre Wohngegend und lernen Sie, auch einmal ohne Ziel durchs Leben zu fahren. Sie werden staunen, wie befreiend das ist.

53. Tiefgründige Gespräche!

Legen Sie für heute den Smalltalk mit den Arbeitskollegen beiseite und fragen Sie in die Runde: „Was ist für dich der Sinn des Lebens?“ Tiefgründige Freundschaften können auch nur durch tiefgründige Gespräche entstehen.

54. Ein Gewitter beobachten!

Die meisten verkriechen sich im Bett, wenn es draußen stürmt. Setzen Sie sich das nächste Mal ans Fenster und beobachten Sie das Gewitter, wie die Regentropfen auf dem Fenster tanzen und finden im vermeintlich Hässlichen auch etwas Schönes.

55. Pizza zum Frühstück!

Haben Sie heute Lust, Pizza zum Frühstück zu essen und Frühstück zum Abendessen? – Dann tun Sie das, niemand hält Sie davon ab, so zu leben, wie Sie es möchten.

56. Über die Kindheit reden!

Was wissen Sie alles über die Kindheit Ihres Partners oder eines guten Freundes? – Nach dem berühmten Psychologen Freud liegt der Grund, warum wir so sind, wie wir heute sind, in der Kindheit. Entdecken Sie eine neue Seite an Ihrem Gegenüber und erforschen Sie sein Inneres.

57. Das Glück teilen!

Menschen reden mit Freunden über Probleme, beschweren sich, nörgeln und so weiter. Doch wenn es darum geht, seinen Erfolg zu feiern, scheuen sich viele davor, weil sie es den anderen „nicht unter die Nase reiben wollen“. Wenn es wahre Freunde sind, dann werden sie sich für Sie aus ganzem Herzen freuen, und es wird gleich eine positivere Stimmung herrschen.

58. Einen anderen Weg nehmen!

Wenn Sie mal nicht motiviert sind, zur Arbeit zu gehen, wählen Sie einfach einmal einen anderen Arbeitsweg. Probieren Sie Neues aus, auch wenn es vielleicht etwas länger dauern könnte, doch Abwechslung bringt Frische in Ihren Geist.

59. Einmal zusammen schweigen!

Lassen Sie die Stille mit einem geliebten Menschen auf sich wirken. Sie werden sehen, dass man sich auch ohne Worte perfekt verstehen kann.

60. Im Fotoalbum stöbern!

Sehen Sie sich einmal alte Jugendfotos an und schwelgen Sie in Erinnerungen. Vielleicht können Sie sich von der unbeschwerten Zeit eine Scheibe für Ihren heutigen Alltag abschneiden.

61. Frieden schließen!

Falls Sie mit einer Person zerstritten sind, greifen Sie jetzt zum Telefonhörer, rufen Sie diese Person an und machen ein Treffen ab. Ungeklärte Konflikte ziehen Sie im Leben runter und verbreiten negative Energie in Ihrem Inneren, befreien Sie sich davon und finden Sie Frieden.

62. Sich selbst umarmen!

Zeigen Sie sich selbst, dass Sie sich gernhaben. Umarmen Sie sich und tun Sie Ihrem Körper etwas Gutes. Manchmal gehen wir im Alltag selbst etwas vergessen.

63. Wieder einmal richtig küssen!

Wann haben Sie mit Ihrem Partner das letzte Mal innige und lange Küsse wie am Anfang der Beziehung ausgetauscht? – Bringen Sie wieder etwas jugendliche Frische in die Beziehung.

64. Lernen, Gefühle zu benennen!

Fühlen Sie sich unwohl, wissen aber nicht so recht, was es ist? – Schieben Sie das Gefühl nicht einfach zur Seite, sondern graben Sie weiter. Suchen Sie nach konkreten Wörtern, die Ihre Gefühle beschreiben. Unterdrücken Sie diese nicht, sonst werden Sie diese im Unterbewusstsein nie ganz los.

65. Sich mit positiven Menschen umgeben!

Manchmal gibt es einfach Menschen, die uns guttun und eine gewisse positive Ausstrahlung haben. Wenn Sie so jemanden kennen, reden Sie mit ihm und lassen Sie sich von seiner positiven Energie anstecken.

66. Andere Fortbewegungsmittel ausprobieren!

Wenn Sie jeden Tag mit dem Auto fahren, nehmen Sie einfach einmal den Bus. Wenn Sie es satt haben, mit dem Zug zu fahren, mieten Sie sich für einen Tag ein Auto. Bringen Sie auch in Ihren täglichen Arbeitsweg Abwechslung, und bleiben Sie nicht im Trott stecken.

67. Weg mit dem Regenschirm!

Regen Sie sich auch immer wieder auf, wenn es draußen regnet und die Sachen nass werden? – Drehen Sie doch einfach den Spieß um und laufen Sie im Regen. Die Sachen werden wieder trocknen, und im Sommer ist es eine perfekte Abkühlung. Versuchen Sie, auch in vermeintlich schlechten Situationen Spaß zu finden.

68. „Schau mir in die Augen, Kleines."

Nicht umsonst sagt man, dass die Augen das Tor zur Seele sind. Sehen Sie Ihrem Partner einmal eine Minute in die Augen und beobachten Sie, was dabei in Ihrem Inneren passiert. Spüren Sie die neue Verbindung.

69. Sich selbst verzeihen!

Wir sind alle nur Menschen, und Menschen machen nun einmal Fehler. Niemand erwartet von Ihnen, dass Sie perfekt sind, also erwarten Sie das auch nicht von sich selbst und verzeihen Sie sich die Fehler, die Sie im Leben begangen haben, die haben wir alle.

70. Sich von negativen Menschen trennen!

Gibt es Freunde, mit denen Sie sich treffen und sich danach ausgelaugt und müde fühlen? – Überdenken Sie Ihre Freundschaften und trennen Sie sich von negativen Menschen, die Ihnen nicht guttun.

71. Neue Freundschaften schließen!

Trauen Sie sich, neue Freunde zu finden, seien Sie dabei nicht misstrauisch, sondern vertrauen Sie auf Ihr Bauchgefühl und Ihre Menschenkenntnis. Es ist nie zu spät, neue Freundschaften zu knüpfen.

72. Inneren Schweinehund überwinden!

Sitzen Sie nicht jeden Abend auf der Couch vor dem Fernseher, werden Sie aktiv! Helfen Sie sich selbst dabei, indem Sie beispielsweise am Vorabend Ihre Laufschuhe und Kleider bereitmachen und sich ein Memo schreiben, das Sie motiviert.

73. Jugendträume!

Denken Sie zurück an Ihre Jungend, was für Träume und Ziele hatten Sie, wo stehen Sie heute, wie viele haben Sie erreicht? – Es ist nie zu spät, um sich seine Träume zu erfüllen, man muss es nur wollen.

74. Über sich selbst lachen können!

Nehmen Sie sich selbst nicht zu ernst, und reißen Sie auch einmal einen Witz auf Ihre Kosten. Gehen Sie mit Ihren Makeln mit Humor um, haben Sie keine Angst, sich diese vor anderen einzugestehen, das macht Sie nur stärker.

75. Massagen!

Wollen Sie Ihrem Partner etwas Gutes tun? – Es müssen dabei nicht die großen und teuren Gesten sein, eine Massage und Kerzenschein für den Liebsten reicht schon. Keep it simple!

76. Was wollten Sie einer nahestehenden Person schon immer sagen?

Wieso noch warten? – Machen Sie ein Treffen ab und entlasten Sie Ihre Seele.

77. Neue Gerichte ausprobieren!

Kochen Sie an einem Abend ein leckeres Gericht, aber probieren Sie dabei ein neues Rezept aus und bringen Sie Abwechslung in Ihr Repertoire. Wählen Sie ein Gericht mit starken und intensiven Düften, das belebt den Gaumen und Körper.

78. Alltagslügen!

Jeder kennt sie und benutzt sie auch: Die kleinen Alltagslügen. Und doch haben wir manchmal ein schlechtes Gewissen nach dem Flunkern. Versuchen Sie daher, einen Tag ohne Alltagslügen auszukommen, und Sie werden merken, wie befreiend die Wahrheit sein kann.

79. Es gibt nicht nur eine Lösung!

Wenn Sie ein Problem haben, finden Sie sich nicht mit der erstbesten Lösung ab. Werden Sie kreativ und denken Sie sich verschiedene, auch ungewöhnliche und kreative Lösungen aus und überstürzen sie nichts.

80. Anderen verzeihen!

Verzeihen Sie Menschen, die Ihnen wehgetan haben. Es braucht keine Absolution für diejenigen, die es nicht verdient haben, aber Sie sollten verzeihen und vergessen, um sich und Ihren Mitmenschen Seelenfrieden zu schenken.

81. Der Schulschwarm!

Fragen Sie Ihren Partner nach seinem alten Schulschwarm und erzählen Sie sich Geschichten aus der Jugend. Schwelgen Sie zusammen in der Jugend und werden Sie noch einmal jung.

82. Tanzen!

Wenn Sie am Morgen schlaff und lustlos sind, schalten Sie die Stereoanlage ein, lassen Sie Ihr Lieblingslied laufen und tanzen Sie drauflos. Wie bescheuert es auch aussehen mag, das ist egal, es sieht sowieso niemand zu. Tanzen Sie sich den Frust von der Seele!

83. Nichts tun!

In der heutigen Zeit wird von den Menschen höchste Produktivität und Effizienz erwartet. Doch das muss nicht immer sein. Gönnen Sie sich einen Tag, an dem Sie einfach nichts tun. Ein Tag, der so richtig unproduktiv ist, auch das braucht es im Leben zwischendurch.

84. Weg mit dem Smartphone!

Klingelt und ertönt Ihr Handy auch die ganze Zeit? – Schalten Sie es für einen Tag ganz aus und gönnen Sie sich eine Pause von der ständigen Erreichbarkeit.

85. Was wollten Sie schon immer Ihrem Partner sagen?

Es gibt sicher schlechte Angewohnheiten, die Sie an Ihrem Partner stören – wir haben sie alle. Behalten Sie diese nicht für sich, sprechen Sie ihn darauf an. Zwar kann man schlechte Angewohnheiten nur schwer loswerden, aber man kann darauf achten, sie zu bessern. Wenn Sie das für sich behalten, wird es früher oder später auf eine unschöne Art und Weise herauskommen.

86. Mehr ausleihen, weniger kaufen!

Es gibt bestimmt Bücher oder Küchengeräte, die man einmal braucht und dann nie wieder. Kaufen Sie solche Dinge nicht, sondern leihen Sie diese von einem Freund oder Nachbarn aus.

87. Geheimnisse aus der Welt schaffen!

Nur weil Sie Geheimnisse und ein schlechtes Gewissen unterdrücken, wird Ihre Seele dadurch nicht weniger entlastet. Tun Sie aktiv etwas dagegen und befreien Sie sich von Geheimnissen.

88. Die weisse Wand!

Wenn Sie nicht aufhören können zu grübeln, versuchen Sie, an eine weiße Wand zu denken. Starren Sie zuerst auf eine im Wohnzimmer und versuchen Sie dann, sich diese nur noch vorzustellen. Sie werden sehen, dass das ungemein viel Konzentration braucht und Sie so Ihre Gedanken besser in den Griff bekommen können.

89. Keinen Perfektionismus anstreben!

Man kann immer alles besser machen, doch perfekt wird es nie. Halten Sie sich selbst auf, wenn Sie merken, dass Sie perfektionistisch werden. Das Streben danach ist bloße Verschwendung von Energie, die Sie besser investieren können.

90. Hilfe annehmen!

Versuchen Sie nicht, im Leben alles auf eigene Faust zu lösen. Was bringt Ihnen das? – Scheuen Sie sich nicht davor, Hilfe anzunehmen und danach zu fragen.

91. Treffen ohne Smartphones vereinbaren!

Wenn Sie das nächste Mal ein Treffen mit Ihren Freunden organisieren, machen Sie ab, dass Sie die Smartphones zu Hause lassen. So können Sie die Zeit miteinander maximal und mit größter Qualität genießen.

92. Flohmärkte, Brockenhäuser und Secondhandshops!

Der einfachste Weg, um zu sparen, ist, wenn Sie gebrauchte Gegenstände wiederverwenden. Sie werden sehen, dass viele Dinge in den Läden und an den Ständen noch wie neu aussehen.

93. Trauen Sie sich, nicht zu wissen!

Wissen ist nicht selbstverständlich, man muss es sich aneignen. Fragen Sie daher nach, wenn Sie etwas nicht verstanden haben oder mehr zu einem Thema wissen möchten. Nichtwissen ist keine Schande, es sich aber nicht einzugestehen, schon.

94. Realitätscheck der Idole!

Es gibt sicher Menschen, die Sie bewundern oder sogar so sein möchten wie sie. Vor allem in den sozialen Medien wird einem eine Welt vorgegaukelt, die so nicht existiert. Fragen Sie sich daher immer, ob Ihr Vorbild ein wirklich so tolles Leben hat, und nehmen Sie nicht alles für voll, was Sie sehen. Der Schein kann trügen.

95. Andere Meinungen akzeptieren!

Nur weil eine Person anders denkt als Sie oder Sie seine Denkweise sogar falsch finden, denken Sie immer daran, dass jeder Mensch individuell ist. Und was für Sie richtig erscheint, kann für den anderen komplett falsch sein. Akzeptieren Sie andere Ansichten.

96. Streiten muss auch gelernt sein!

Streiten kann etwas Gutes sein und ist manchmal sogar notwendig, doch man muss es auch richtig machen. Schreien Sie Ihr Gegenüber nicht an, bewahren Sie Ruhe, lassen Sie ihn ausreden, zeigen Sie Respekt, benutzen Sie Ich-Botschaften und achten Sie auf Ihre Sprache.

97. Sorgen teilen!

Gibt es etwas, das Sie wissen und das Sie quält? – Wenn Ihnen jemand etwas anvertraut hat und Sie damit nicht umgehen können, reden Sie mit einer anderen Person darüber. Verraten Sie dabei aber nicht Ihren Freund, sondern holen Sie sich zu einem bestimmten Thema Rat und eine zweite Meinung. Sie müssen sich nicht alleine damit beschäftigen.

98. Verzichten Sie auf die sozialen Medien!

Etliche Studien haben es schon gezeigt: Facebook, Instagram und Co. machen unglücklich. Wenn Sie nicht ganz darauf verzichten können, setzen Sie sich eine bestimmte Zeit (vier Stunden, einen Tag, drei Tage), in der Sie online sein können. Betrachten Sie die Bilder und Beiträge immer mit einem kritischen Auge: Wer würde schon die schlechte Seite von seinem Leben zeigen wollen? – Doch wir haben sie alle.

99. Sich einigen, dass man sich nicht einigen kann!

Versuchen Sie nicht, sich mit einer Person zu einigen, wenn Sie merken, dass Sie komplett verschiedene Meinungen haben. Einigen Sie sich darauf, dass Sie sich dieses Mal nicht einigen können.

100. Streit und Diskussion in einer Beziehung zulassen!

Harmoniesucht ist pures Gift für jede Beziehung, denn dadurch brodeln Probleme nur an der Oberfläche und brechen dann irgendwann aus. Streiten Sie sich zwischendurch und diskutieren Sie, wenn Sie sich nicht einigen können.

101. Jemanden überraschen!

Es gibt doch nichts Schöneres, als die Freude im Gesicht eines geliebten Menschen zu sehen. Überraschen Sie jemanden und lassen Sie die Freude auf sich übergehen.

102. Entscheiden Sie sich!

Lassen Sie schwierige Entscheidungen nicht liegen, in der Hoffnung, dass sie sich von alleine lösen. Setzen Sie sich mit dem Problem intensiv auseinander, schlafen Sie eine Nacht drüber und fällen Sie dann eine Entscheidung.

103. Sich neu kennenlernen!

Viele Paare in einer Langzeitbeziehung haben das Gefühl, den Partner in- und auswendig zu kennen, doch das wird man nie. Frischen Sie Ihre Beziehung auf und erzählen Sie Ihrem Partner etwas von sich, das er noch nicht weiß.

104. In andere Kulturen tauchen!

Um andere Kulturen kennenzulernen, muss man nicht viel Geld ausgeben und tausende Kilometer reisen. Reden Sie doch einfach einmal mit einem ausländischen Arbeitskollegen oder Freund. Das Kennenlernen von anderen Bräuchen und Sitten erzeugt Toleranz und Verständnis für unsere Mitmenschen.

105. <u>Mit einem Fremden sprechen!</u>

Überwinden Sie sich und sprechen Sie heute einen Fremden auf der Sitzbank an. Lassen Sie Ihre sozialen Hemmungen fallen.

106. <u>Realistische Erwartungen!</u>

Bremsen Sie sich beim Erarbeiten eines Zieles nicht selbst aus, indem Sie zu hohe und unrealistische Erwartungen haben. Woran auch immer Sie arbeiten, unterstützen Sie sich selbst, indem Sie sich kleine, erreichbare Tagesziele setzen und nicht nur ein großes.

107. <u>Kleine Dinge schätzen!</u>

Hatten Sie heute ein gutes Mittagessen, haben eine Münze auf dem Boden gefunden oder ein nettes Kompliment erhalten? – Lernen Sie solche kleinen Alltagsmomente zu schätzen und sich daran zu erfreuen.

108. <u>Die Gedankenwelt des anderen!</u>

Versuchen Sie bei Diskussionen und vor allem Streitereien in die Gedankenwelt des Gegenübers einzutauchen. Denkt der andere vielleicht ganz anders als Sie, und erscheint sein Verhalten in seinen Augen berechtigt?

109. <u>Einen Tag ehrlich zu den Liebsten sein!</u>

Fragt Sie eine Freundin, wie Ihnen ihr Kleid gefällt, und Ihnen gefällt es gar nicht? – Dann sagen Sie ihr das. Wenn Sie es feinfühlig ausdrücken und begründen, werden Sie sehen, dass Ihr Gegenüber die Ehrlichkeit zu schätzen wissen wird.

110. <u>Nicht um den heißen Brei reden!</u>

Haben Sie ein Anliegen oder möchten ein schwieriges Thema ansprechen? – Reden Sie nicht um den heißen Brei, sondern sagen Sie es frei heraus. Niemand hat etwas davon, sich noch ein paar Minuten länger vor dem unangenehmen Moment zu drücken, der wird so oder so kommen.

111. Drei Menschen!

Suchen Sie sich in Ihrem Leben drei Menschen aus, die Sie verunsichern dürfen und deren Kritik Sie sich zu Herzen nehmen werden. Vom Rest dürfen Sie sich ab heute nicht mehr verunsichern lassen, ziehen Sie Ihr Ding durch!

112. Aus alt mach neu!

Wenn ein Möbel- oder Kleidungsstück abgenutzt ist, schmeißen Sie es nicht sofort weg. Überlegen Sie sich, ob Sie es umgestalten oder sogar restaurieren können. Lassen Sie Ihrer Kreativität freien Lauf, Ihr Portemonnaie wird es Ihnen danken.

113. Stets höflich bleiben!

Egal wie genervt Sie sind, bewahren Sie immer Ihr Prestige und bleiben Sie höflich. Niemand auf der Welt sollte Sie dazu bringen, aus der Haut zu fahren, bewahren Sie Ihre innere Ruhe, die anderen sind es nicht wert.

114. Seien Sie nicht zu streng zu sich selbst!

Hier gibt es nicht viel zu sagen. Denn Sie sollten diejenige Person sein, die zu sich am gnädigsten ist, sonst können Sie das auch von niemand anderem erwarten.

115. Finanzplan erstellen!

Nicht nur Unternehmen, auch ein jeder gute Haushalt sollte einen Finanzplan haben. Schreiben Sie die Ausgaben und Einnahmen säuberlich auf. Nur so können Sie auch Überblick über Ihr Geld behalten.

116. Lernen, mit Trauer umzugehen!

Jeder von uns muss im Leben eine Trauerphase durchstehen. Lassen Sie die Gefühle zu, durchleben Sie diese, stehen Sie am Ende wieder auf und machen Sie weiter.

117. Raus aus der Komfortzone!

Ein jeder hat sie, doch wir alle führen eine regelrechte Hass-Liebe-Beziehung mit ihr. Heute nicht! Heute gehen Sie einmal raus aus der Komfortzone und schnuppern Sie an der neuen, frischen Luft, vielleicht wird es Ihnen ja sogar gefallen.

118. To Do's aus der Welt schaffen!

Schieben Sie auch gerne Aufgaben so lange raus, bis sie sich nur noch stapeln? – Vermeiden Sie diesen zukünftigen Stress und entlasten Sie Ihren Kopf. Erledigen Sie die Dinge so schnell wie möglich und schieben Sie diese nicht unnötig raus.

119. Suchen Sie sich Rat!

Ob es nun Familie, ein Freund, ein Psychologe oder eine Beratungsstelle ist: Suchen Sie sich immer einen Rat bei Unsicherheiten. Eine zweite Meinung kann uns manchmal die Augen öffnen.

120. Bin ich zufrieden mit meinem Beruf?

Stellen Sie sich diese Frage mal ehrlich. Wenn Sie diese vollen Herzens nicht mit „Ja" beantworten können, ist es Zeit für Veränderungen. Sie verbringen die meiste Zeit Ihres Lebens arbeitend, da muss es auch etwas Erfüllendes sein, sonst werden Sie nie ganz glücklich werden.

121. Gedanken zum Geld!

Denken Sie bei Geld nicht an Schulden, Rechnungen oder an etwas Negatives. Nur wenn Sie positiv darüber denken, wird es auch zu Ihnen kommen und bleiben.

122. Lernen Sie, mit Langeweile umzugehen!

Aus Langeweile sind schon die besten und kreativsten Ideen entstanden. Lassen Sie das Gefühl zu, kämpfen Sie nicht dagegen an, sondern machen Sie etwas Positives daraus.

123. Sich von alten Träumen lösen!

Manchmal jagen wir Träumen hinterher, die wir uns nicht mehr erfüllen können. Es gibt für alles im Leben eine passende Zeit und wenn die vorbei ist, ist es Zeit loszulassen und sich neuen, besseren Dingen zu widmen.

124. Über Materialismus nachdenken!

Konsumgüter und Einkaufen machen für eine kurze Zeit glücklich. Doch langfristig ändert sich damit nichts, außer, dass das Geld in der Brieftasche weniger wird. Überlegen Sie sich, was Sie von den materiellen Dingen wirklich im Leben brauchen.

125. Sind Sie mit Ihrer Partnerschaft zufrieden?

Ober bleiben Sie nur, weil Sie Angst haben, allein zu sein, niemand besseren zu finden oder das Leben aufzugeben, das Sie sich zusammen aufgebaut haben? Wieso sind Sie mit Ihrem Partner noch zusammen?

126. Das Haus ausmisten!

Nur in einem sauberen Zuhause kann der Geist klar denken. Trennen Sie sich von allen unnötigen Sachen, die Sie nicht mehr brauchen.

127. Ruhe bewahren üben in kleinen Situationen!

Warten Sie schon lange auf einen Brief oder ein Paket? – Wenn es angekommen ist, legen Sie es zur Seite, atmen Sie tief durch und versuchen Sie, Ihre Gefühle zu kontrollieren, bis die Aufregung sich gelegt hat.

128. Eine gute Tat pro Tag!

Mit dieser Regel wird nicht nur jemandem geholfen, Sie werden sich auch noch besser fühlen. Und denken Sie daran: Alles, was Sie tun, wird zu Ihnen zurückkommen.

129. Von der alten Liebe lösen!

Die großen Autoren und Sänger wollen uns immer wieder weismachen, dass es im Leben nur die eine, große Liebe gibt.

Lösen Sie sich von diesem romantisierten Gedanken und auch von Ihrer alten Liebe. Es gibt im Leben mehr als eine Chance, auch in der Liebe.

130. Alles kommt zu seiner Zeit!

Erzwingen Sie Dinge nicht, die ausserhalb Ihrer Macht stehen. Alles wird zu seiner Zeit kommen, Sie müssen nur lernen zu warten.

131. Seine Rechte durchsetzen lernen!

Wollen Sie etwas haben oder sagen? – Dann lassen Sie sich nicht abwimmeln oder ruhigstellen. Stehen Sie zu Ihren Rechten und setzen Sie diese auch durch.

132. Hören Sie mehr auf Ihr Bauchgefühl!

Manchmal neigt der Mensch dazu, scheinbar einfache Dinge durch ewiges Nachdenken viel zu kompliziert zu gestalten. Hören Sie öfter einmal auf Ihr Bauchgefühl.

133. Sich mit anderen Religionen beschäftigen!

Eine jede Kultur hat ihren individuellen Weg, Ruhe und Frieden zu finden. Beschäftigen Sie sich mit anderen Religionen und lernen Sie neue Weltansichten.

134. Glück kennt kein Neid!

Aus Neid ist nie etwas Gutes entstanden, damit vergiften Sie nur Ihren Geist. Arbeiten Sie an den Dingen, die Sie haben möchten, und akzeptieren Sie andere, die Sie nicht haben können.

Mehr können Sie nicht machen.

135. Eifersucht überdenken!

Wieso sind Sie manchmal eifersüchtig? Liegt es vielleicht nicht an Ihrem Partner, sondern an Ihrer eigenen Unsicherheit oder Ihrem Mangel an Vertrauen?

Reden Sie offen mit Ihrem Partner, und denken Sie darüber nach.

136. Ich habe mich geändert!

Lassen Sie die Vergangenheit hinter sich. Wir alle haben Dinge getan, auf die wir nicht stolz sind. Doch nun sind Sie ein anderer Mensch und wissen es besser. Arbeiten Sie an Ihrem neuen Ich, als sich mit Dingen aufzuhalten, an denen Sie nichts mehr ändern können.

137. Leben und leben lassen!

Es ist schön und gut, Dinge anzusprechen, die Sie bei anderen stören. Doch beschränken Sie dabei die Anzahl, denn wie würde es Ihnen gefallen, wenn jemand ständig meckern würde? Man muss immer Kompromisse im Leben eingehen.

138. Vertrauen Sie sich selbst!

Sie sind eine erwachsene Person und haben Erfahrungen und Fehler gemacht. Wenn Sie eine gut durchdachte Entscheidung getroffen haben und alles dafür getan haben, vertrauen Sie darauf, dass Sie das Richtige getan haben, hinterfragen Sie nicht immer alles.

139. An magisches Glauben!

Nur weil man erwachsen ist, heißt es nicht, dass man nach purer Wissenschaft und Rationalität leben und denken muss. Manchmal bringt der Glaube an Unnatürliches auch etwas Magie in Ihren Alltag.

140. Lachen Sie viel und laut!

Wenn Sie einen Witz hören und gerade an etwas Witziges denken müssen, unterdrücken Sie Ihr Lachen nicht. Zeigen Sie allen Ihre Freude, und stecken Sie die Mitmenschen damit an. Lachen kann genauso ansteckend wie Gähnen sein.

141. Fürchten Sie sich nicht vor Verlusten!

Angst ist keine Garantie für ein sichereres Leben. Ob Sie nun voller Angst und Sorge leben oder nicht, wird keinen Einfluss auf Verluste im Leben haben. Nutzen Sie daher das Leben, und schütteln Sie die negativen Schutzmechanismen ab, die nur Ballast sind.

142. Nicht so steif!

Lernen Sie, mit Ihrem Körper zu sprechen, gestikulieren Sie, bewegen Sie sich. Wenn Ihr Körper lebendig ist, wird es auch Ihr Geist sein.

143. Den anderen sein Wunschbild vorgaukeln!

Verstellen Sie sich nicht und versuchen Sie schon gar nicht, den Menschen in Ihrer Umgebung ein Bild Ihrer Person vorzugaukeln, das Ihnen nicht entspricht. Früher oder später wird es sowieso auffliegen, wieso also nicht gleich mit offenen Karten spielen?

144. Weinen, wenn man weinen muss!

Ob Mann oder Frau, Tränen und Gefühle zu zeigen, zeugt von Stärke. Denn nur die Menschen, die von sich überzeugt sind, trauen sich auch, ihre Gefühle offen zu zeigen.

145. Mit der Erfahrung kommt die Ruhe!

Die ersten Male im Leben sind immer unangenehm, man ist schrecklich nervös. Doch mit der Zeit kommen die Erfahrung und damit auch automatisch die Ruhe, lassen Sie die Dinge einfach auf sich zukommen.

146. Was stört mich an anderen?

Manchmal projizieren wir Dinge, die wir an uns nicht mögen, auf die Anderen. Überlegen Sie sich, ob die Dinge, die Sie an anderen stören, nicht auch diejenigen sind, die Sie an sich nicht mögen.

147. Grenzen kennen kein Alter!

Natürlich kann man mit 50 Jahren kein Profifußballer werden. Aber man kann nichtdestotrotz sein Leben nochmals auf den Kopf stellen und von vorne anfangen, nur Mut!

148. „Wie geht es dir?“ - „Gut“

Die klassische Floskel. Doch wenn die Frage eines Freundes oder Arbeitskollegen ehrlich gemeint ist, dann antworten Sie einfach einmal ehrlich und sagen Sie, was Sache ist.

149. Keine Angst vor dem Erfolg!

Man kann vor Erfolg genauso Angst haben wie vor Misserfolg. Trauen Sie sich, die Karriereleiter hinaufzusteigen, probieren Sie es einfach einmal aus. Absteigen können Sie immer noch, wenn Sie wollen.

150. Nachbarn kennenlernen!

Wissen Sie, wer über, neben oder unter Ihnen wohnt? - Wenn nicht, ist es höchste Zeit zu wissen, wem Sie jeden Tag beiläufig über den Weg laufen. Aus Nachbarschaften können sich herzliche Beziehungen entwickeln, sagen Sie einfach einmal mehr als nur „Hallo“.

151. Mit allen Sinneseindrücken leben!

Konzentrieren Sie sich einen ganzen Tag einmal speziell auf einen Sinneseindruck, riechen Sie, fühlen Sie, hören Sie zu. Lernen Sie Ihre Umgebung und Ihren Körper von einer ganz neuen Seite kennen.

152. „Besser jetzt als nie“

Sich irgendwann fragen zu müssen: „Was wäre, wenn ... gewesen“, ist immer schlimmer, als eine potentiell unangenehme Situation durchleben zu müssen. Das unangenehme Gefühl wird irgendwann verschwinden, doch die Reue, es nicht versucht zu haben, nie.

153. Keine Angst zu investieren!

Egal in was Sie investieren, es ist immer mit einem Risiko verbunden. Doch wer nicht wagt, der nicht gewinnt. Eine 100%-Garantie gibt es im Leben sowieso nie.

154. Sich auch mal gehen lassen!

Wenn Sie mal einen Tag zu Hause bleiben, duschen Sie einfach nicht und bleiben Sie im Pyjama. Ohne Schmutz gibt es auch keine Sauberkeit, und zwischendurch muss man sich auch mal gehen lassen dürfen.

155. Spontan ein Wochenende wegfahren!

Wenn Sie das Gefühl haben, dass Ihnen alles im Leben zu viel wird und Sie gestresst sind, dann fahren Sie einfach einmal für zwei Tage weg. Verlassen Sie Ihre gewohnte Umgebung und schalten Sie ab. Solche Tage können Wunder bewirken.

156. Trauen Sie sich, Fehler zu machen!

Das Wort „Fehler" muss nicht negativ sein, wenn man etwas Gutes daraus macht. Wandeln Sie die Fehler in Lektionen um und lernen Sie, damit Sie aus jeder negativen Sache eine positive herausziehen.

157. Sich mit weniger begnügen!

Um glücklich zu sein, muss man nicht immer das Beste bekommen. Die Jagd nach dem Perfekten macht nur müde und unruhig, begnügen Sie sich mit einem simplen „gut".

158. Die Welt wird nicht untergehen!

Egal, was Sie gerade durchmachen, denken Sie daran: Die Welt wird nicht untergehen – nie. Sie haben im Leben schon vieles überstanden, und Sie werden auch diese Sache überstehen.

159. „Ich bin eine starke Person, ich schaffe das"

Stehen Sie vor den Spiegel und sagen Sie den obigen Satz. Sagen Sie es so, dass Sie es auch glauben, mit voller Ehrlichkeit und Bewusstsein, denn nur so können Sie sich auch motivieren.

160. Auch mal egoistisch sein!

Sie müssen nicht immer und jeden Tag darauf achten, dass es allen um Sie herum gut geht und Sie sich dabei vergessen.

161. Unordnung zulassen!

Wenn Sie spät von der Arbeit kommen oder todmüde sind, dann darf auch einfach einmal das Geschirr in der Küche oder die Wäsche in der Waschmaschine gelassen werden, es muss nicht immer alles perfekt und blitzblank sauber sein.

162. Schwäche zeigen!

Sie müssen nicht immer allen um sich herum zeigen, wie stark Sie sind. Lassen Sie auch Schwäche zu, denn nur wenn die Menschen um Sie herum alle Ihre Facetten kennenlernen, kann auch eine tiefgründige Beziehung entstehen.

163. Innige Umarmungen!

Umarmen Sie eine nahestehende Person oder Ihren Partner heute mal so richtig innig und lang. Umarmungen von mehr als 20 Sekunden lösen Anspannung und Angstgefühle.

164. Feiertage auslassen!

Vergessen Sie an Feiertagen die Konventionen. Nur weil alle Weihnachten mit der Familie verbringen, müssen Sie es nicht auch tun, wenn Sie nicht das beste Verhältnis haben. Ein Besuch an einem Tag reicht schon, es muss nicht gleich das ganze Wochenende sein.

165. Zärtlichkeiten im Alltag zeigen!

Zeigen Sie Ihrem Partner auch nach Jahren der Beziehung kleine Zärtlichkeiten und Gesten der Liebe. Ein inniger Kuss oder ein kleiner Zettel am Morgen mit einer Liebesbotschaft darauf reichen schon, um die Beziehung frisch zu halten.

166. Geschlechterunabhängig leben!

Würden Sie als Frau gerne Bier trinken oder als Mann gerne im Kino einen Liebesfilm sehen? – Dann tun Sie das! Binden Sie Ihr Verhalten nicht an gesellschaftliche Ideen von Geschlechterrollen, leben Sie so, wie es Ihnen als Individuum passt.

167. Niemand kann Gedankenlesen!

Vergessen Sie die subtilen Gesten, die Ihrem Partner signalisieren sollen, was Sie denken oder sich wünschen. Jeder interpretiert Signale anders. Sprechen Sie aus, was Sie wollen.

168. Glück hat seinen Preis!

Wer glaubt, dass man alles im Leben haben kann, ohne irgendwo und irgendwann Abstriche machen zu müssen, wird nie gänzlich glücklich sein.

169. Trauen Sie sich, sich zu binden!

Tauchen Sie in Beziehungen und Freundschaften gänzlich ein, machen Sie keine halben Sachen, nur weil Sie sich nicht trauen, sich zu binden. Nur so werden Sie die vollständige Palette von Gefühlen erleben.

170. Lösen Sie sich vom „Alles oder Nichts"-Prinzip!

Das Leben ist nicht nur schwarzweiß, man muss nicht immer alles bekommen oder sonst nichts nehmen.

Gehen Sie Kompromisse mit sich selbst und anderen ein, dadurch werden Sie auch mit dem Erreichten zufriedener sein.

171. Keine Angst vor ungewohnter Umgebung!

Steht ein Umzug, eine Reise in ein fremdes Land oder bloß ein Arbeitswechsel an? – Egal, was es ist, trauen Sie sich, neue Umgebungen zu entdecken und sich von der gewohnten zu lösen.

172. Mit Nachrichten aus aller Welt umgehen!

Es ist wichtig, mittels Nachrichten und Zeitungen auf dem neusten Stand zu bleiben.

Doch beschränken Sie es auf ein Minimum, Sie müssen nicht von jedem Mord oder Einbruch lesen, es bringt Ihnen nichts und schürt nur Unglück und Unsicherheit.

173. Keine Generalisierungen!

Es sind nicht *alle* gleiche und nur, weil etwas früher so war, muss es heute nicht so sein. Hören Sie auf, einzelne Situationen zu generalisieren, sondern geben Sie sich Mühe, jede für sich neu zu bewerten und etwas daraus zu lernen.

174. Synonyme lernen!

Nur weil man seine Muttersprache beherrscht, heißt es nicht, dass man sie nicht erweitern kann. Lernen Sie jeden Tag ein Synonym von einem Adjektiv, das hilft Ihnen, sich klarer auszudrücken und Ihre Gefühle differenzierter zu formulieren.

175. Aussehen ist nicht alles!

Achten Sie sich nicht zu sehr auf das Äußerliche. Denn das ist nur die Schale eines Menschen, wie sieht es im Kern aus, was haben Sie noch zu bieten? Was macht Sie zu etwas Besonderem?

176. Hören Sie den Vögeln am Morgen zu!

Wenn Sie in aller Früh mal wieder ein Vogel mit seinem Gesang weckt, seien Sie nicht genervt und machen das Fenster zu. Schließen Sie die Augen und lauschen Sie einfach einmal hin.

177. Kalte Füße nicht ignorieren!

Vor wichtigen Entscheidungen bekommen viele Menschen kalte Füße. Schieben Sie dieses Gefühl nicht beiseite, sondern überlegen Sie sich, wieso Sie plötzlich unsicher sind. Sind Sie nur nervös, oder steckt vielleicht doch mehr dahinter?

178. Wissen ist Macht!

Wissen ist das Einzige im Leben, das nicht vergänglich ist und nur Ihnen ganz alleine gehört. Lernen Sie nie aus.

179. Sich nicht wegen Kleinigkeiten verrückt machen!

Regen Sie sich mal wieder über einen scheinbar überdimensionalen Pickel auf? – Dann sehen Sie mal ganz genau in die Gesichter Ihrer Kollegen, und Sie werden merken, dass niemand makellos ist und dass es Ihnen vorher gar nicht so aufgefallen war.

180. Wieso bin ich so, wie ich bin?

Lernen Sie sich immer wieder neu kennen, denn so können Sie auch mit sich selbst in schwierigen Phasen Ihres Lebens umgehen. Stellen Sie sich die Frage, überlegen Sie, was Sie ausmacht und wieso Sie so geworden sind.

181. Nichts ist unmöglich!

Nur weil etwas sehr unwahrscheinlich scheint, heißt es nicht, dass es nicht doch passieren kann.

182. Der Körper ist nicht die Grenze!

Nur weil Sie vielleicht körperlich eingeschränkt sind oder merken, dass mit dem Alter nicht mehr alles so geschmeidig läuft, bleibt Ihr Geist hellwach. Konzentrieren Sie sich mehr auf Ihren Geist als Körper.

183. Ich-Botschaften senden!

Sagen Sie nicht, dass *alle anderen* das auch so sehen oder dass Sie dem anderen vorwerfen, was *er* alles falsch macht. Sprechen Sie von Ihrer Position aus und benutzen Sie das Wort „Ich“ und nicht „Du“ oder „andere“. Schließlich ist es *Ihr* Anliegen.

184. <u>Wie gehen Sie mit Stress um?</u>

Überdenken Sie Ihren Umgang mit Stress. Denn viele Menschen lösen Stress mit ungesunden Methoden wie Alkohol oder viel Schlaf, was langfristig nur eine Verdrängung ist, aber Probleme selbst nicht lösen kann.

185. <u>Verantwortung teilen!</u>

Lassen Sie nicht zu, dass Sie in eine Situation kommen, wo alle wichtigen Entscheidungen nur noch von Ihnen abhängen. Teilen Sie sich die Verantwortung und finden Sie Partner auf Augenhöhe.

186. <u>Die Mehrheit hat nicht immer recht!</u>

Trauen Sie sich, anders zu denken. Nur weil viele so denken, ist das immer noch keine Garantie, dass es auch richtig ist.

187. <u>Arbeiten Sie an Ihrer Körperhaltung!</u>

Es gibt keinen Grund, wieso Sie nicht jeden Tag eine stolze Haltung einnehmen sollten. Der Körper strahlt das Innenleben des Menschen aus. Wenn Sie Stolz und Selbstsicherheit vermitteln, werden Sie auch mit Respekt behandelt werden.

188. <u>Die Moralvorstellung!</u>

Nach welcher Moral leben Sie? Ist das wirklich Ihre persönliche Moral, sind Sie zufrieden damit oder haben Sie diese nur von Ihren Eltern oder Arbeitskollegen übernommen?

189. <u>Anderen mehr zutrauen!</u>

Nur weil Sie Experte auf einem Gebiet sind, heißt es nicht, dass andere es nicht genauso gut machen könnten. Laden Sie sich nicht die ganze Arbeit und den Stress auf, nur weil es Ihr Ego nicht anders zulässt.

190. Trauen Sie sich, sich anders zu kleiden!

Wenn es keine Kleidervorschrift an Ihrem Arbeitsplatz gibt, gibt es auch keinen Grund, sich anzupassen und sich wie alle anderen zu kleiden. Suchen Sie Kleider und Farben, die zu Ihnen passen und aussagen: „Das bin ich."

191. Achten Sie auf Ihre Stimme!

Reden Sie laut und deutlich und hauchen Sie Ihrer Stimme Leben ein. Reden Sie nicht monoton und leise, sondern so, dass die anderen Sie hören können. Schließlich hat jeder etwas zu sagen und sollte auch angehört werden.

192. Ich *muss* nichts im Leben!

Sie müssen nichts im Leben machen. Niemand sollte Sie zwingen, etwas zu tun, was Sie nicht wollen. Schreiben Sie sich nicht selbst vor, was Sie tun müssen oder wie Sie sein müssen, halten Sie Ihren Geist offen und flexibel.

193. „Was denken wohl die anderen?"

Jedes Mal, wenn diese Frage in Ihrem Kopf erscheint, sagen Sie laut oder nur gedanklich: „Stopp, das spielt keine Rolle", denn das tut es wahrhaftig nicht. Sie leben für sich und nicht für andere.

194. Strichliste von negativen Gedanken führen!

Führen Sie sich vor Augen, wie häufig Sie negativ denken. Denn oft erscheinen uns negative Gedanken automatisch. Ohne dass wir es merken, vermiesen sie uns die Stimmung, und wir wissen nicht einmal wieso.

195. Schritttempo anpassen!

Laufen Sie heute einmal leichtfüßiger und schneller als sonst und achten Sie darauf, wie sich Ihre Stimmung heben wird. Denn nicht nur der Körper reagiert auf den Geist, sondern auch umgekehrt.

196. Ich kann nicht, oder ich will nicht?

Oft hört man den Satz: „Ich kann das einfach nicht." Fragen Sie sich das nächste Mal, ob Sie es wirklich nicht *können* oder sich einfach nicht trauen und den Aufwand nicht betreiben *wollen*.

197. „Was wäre, wenn …?"

Verabschieden Sie sich ab jetzt für immer von dieser Frage. Es bringt nichts, sich das zu fragen, wenn die Chance schon vorbei ist oder man nichts mehr ändern kann. Solch ein Denken verbraucht nur unnötig Energie.

198. Nicht zu viel an einem Tag vornehmen!

Oftmals startet man optimistisch in den Tag und denkt sich, dass man den Berg Arbeit, den man sich vorgenommen hat, locker schafft, und am Ende ist man nur müde und frustriert, weil es nicht geklappt hat. Machen Sie aus dem Berg einen kleinen Hügel und wenn Sie durch sind, können Sie sich immer noch mehr vornehmen.

199. Andere müssen mir nicht helfen oder zuvorkommend sein!

Nur weil Sie jetzt etwas brauchen oder Verständnis verlangen, muss es Ihnen nicht jeder sofort geben. Nehmen Sie es einfach nicht persönlich, nur weil andere einen langen Tag hatten oder momentan viel zu tun haben.

200. Im Nachhinein ist man immer schlauer!

Werfen Sie sich nicht vor, dass Sie es hätten anders machen können. Das stimmt nicht! In dieser Situation haben Sie so reagiert, wie Sie es für angemessen gehalten haben und wie es Ihr Wissen und Ihre Ressourcen zugelassen haben.

201. Meine Herkunft bestimmt nicht, wer ich bin!

Nur weil Ihre Herkunft mit negativen Stereotypen verbunden ist, muss das nicht Ihr Leben bestimmen. Beweisen Sie anderen, dass es nicht so ist, und bleiben Sie sich selbst treu.

202. Immer zuerst mit kleinen Dingen anfangen!

Fangen Sie am Anfang des Tages nicht mit der schwierigsten Aufgabe an. Arbeiten Sie sich mit kleinen Dingen vor, das erzeugt Erfolgsgefühle und schafft Selbstbewusstsein für die große Aufgabe.

203. Glauben Sie nicht an das Schicksal!

Nehmen Sie Ihr Leben in die Hand und warten Sie nicht darauf, dass das Schicksal für Sie alles erledigt. Sie sind Ihr eigener Kapitän, steuern Sie Ihr Leben, und machen Sie sich auf die Reise.

204. Bleiben Sie realistisch in einer Beziehung!

Wenn Sie schon am Anfang merken, dass Ihr Partner und Sie nicht die gleiche Vorstellung vom Leben und der Zukunft haben, trennen Sie sich jetzt und warten Sie nicht darauf, bis es nur noch schwerer fällt und das Investment zu groß ist.

205. Nicht nach einem Misserfolg aufgeben!

Oder nach dem zweiten oder dritten. Es kann nicht alles auf Anhieb im Leben klappen, manches geht besser, anderes braucht seine Zeit. Lernen Sie, mit Misserfolgen umzugehen und sie als normalen Teil Ihres Lebens zu sehen.

206. Simpel bleiben!

Für Glücksgefühle und überwältigende Erlebnisse braucht es nichts Aufwendiges oder Pompöses. Die schönsten Momente sind immer die unerwarteten und einfachen, die man mit den Liebsten verbringt oder mit sich selbst.

207. Glauben Sie an sich selbst!

Was bringt es Ihnen, nicht an sich zu glauben?

208. Wenn Sie jetzt im Sterben liegen würden, wären Sie mit Ihrem Leben zufrieden gewesen?

Wenn Sie diese Frage mit „Nein“ beantworten, dann überlegen Sie sich, was fehlt, dann wissen Sie, was zu tun ist.

209. Jagen Sie nicht dem Erfolg nach, sondern dem, was Sie glücklich macht!

Viele Menschen haben das Gefühl, dass mit Karriere und Erfolg auch automatisch das Glück kommt. Dem ist aber nicht so, denn nur, wenn Sie dem nachjagen, was Sie wirklich glücklich macht, werden Sie das Gefühl auch mit Sicherheit bekommen.

210. Formulieren Sie Ihre Probleme klar und deutlich!

Erst wenn Sie klar wissen, was Sie stört und was Ihr Problem ist, können Sie es auch richtig anpacken.

211. Warten Sie nicht auf den ungewöhnlichen Menschen!

Werden Sie selbst einer. Warten Sie nicht auf den Partner, der Ihr Leben verändern wird und Ihnen Glück und Ruhe beschert, das können nur Sie ganz alleine.

212. Arbeiten Sie nicht nur auf das Ziel hin, genießen Sie auch den Weg!

Egal, was Sie anstreben, legen Sie Zwischenstationen ein und genießen Sie diese. Denn zum Ziel gehört immer auch der Weg.

213. Zukunft ändert sich!

Die Zukunft kann nur Ihnen gehören, wenn Sie bereit sind, sich im Laufe Ihres Lebens zu ändern und Ihre Pläne anzupassen.

214. Lachen Sie, auch wenn es schwerfällt!

Verlieren Sie nicht Ihren Humor, vor allem nicht in schweren Zeiten. Lachen kann Balsam für die Seele sein und heitert auf.

215. Bleiben Sie stark für sich selbst, nicht für andere!

Es ist wichtig, dass Sie in schweren Situationen stark für sich selbst bleiben und nicht, weil Sie für andere da sein müssen. Wenn es anderen wieder besser geht, wo stehen Sie dann?

216. Machen Sie Ihr Glück nicht von anderen abhängig!

Menschen kommen und gehen, doch Sie bleiben. Sie müssen die Person werden, die Sie am glücklichsten macht, sonst werden Sie immer abhängig von anderen Menschen bleiben.

217. Wiederkehrende Gedanken!

Wenn Sie eine Sache nicht mehr loslässt, dann möchte Ihnen Ihr Unterbewusstsein sagen, dass Sie sich damit beschäftigen sollen und es noch nicht abgeschlossen ist. Kontrollieren Sie Ihre Gedanken, indem Sie sich mit ihnen beschäftigen.

218. Nicht in Fußstapfen treten!

Treten Sie nicht in die Fußstapfen von jemandem, sondern bahnen Sie sich Ihren Weg und formulieren Sie Ihre eigenen Ziele.

219. Grenzen einsehen!

Natürlich können Sie alles im Leben schaffen, wenn Sie es wollen, doch irgendwann gibt es Grenzen. Wenn Sie 1.50 m gross sind, werden Sie in diesem Leben nicht mehr Hochspringer, aber dafür können Sie sich etwas in Ihrer Größe suchen, das zu Ihnen passt.

220. Es gibt nicht *den* richtigen Weg!

Fahren Sie nicht nur eine Schiene, weil Sie nie etwas Anderes gemacht haben. Es gibt verschiedene Wege, wie man zum Ziel kommt, bleiben Sie offen. Gewohnheit ist der Tod jeglicher Kreativität.

221. Jeder Versuch zählt!

Bereuen Sie es nie, etwas versucht zu haben, auch wenn Sie gescheitert sind. Das nächste Mal sind Sie schlauer und werden nicht mehr unvorbereitet in den Ring steigen.

222. Weg mit der Kamera!

Sie müssen nicht jeden Moment in Ihrem Leben mit der Kamera festhalten. Lernen Sie, den Augenblick zu genießen, und tauchen Sie vollständig in die Szene ein, dann wird sie Ihnen auch ewig im Gedächtnis bleiben.

223. Alte Schulfreunde sehen!

Entschwinden Sie einen Tag aus der harten Arbeitswelt und besuchen Sie alte Schulfreunde. Erlauben Sie sich, ein paar Stunden in Nostalgie zu schwelgen.

224. Pausen einlegen!

Wenn nicht nur der Körper, sondern auch der Geist müde ist, gibt es keine Produktivität. Erlauben Sie sich regelmäßige Pausen, in denen Sie einfach einmal abschalten und sich die Beine vertreten.

225. Befreien Sie sich von Schönheitsidealen!

Eifern Sie nicht Idealen hinterher, die momentan im Trend sind. Jede Generation empfindet etwas Anderes als schön. Diese Art von Schönheit ist vergänglich, diejenige im Auge des individuellen Betrachters jedoch bleibt für immer.

226. Versuchen Sie nicht, Menschen zu ändern!

Wenn Sie neue Freunde oder einen Partner finden, müssen Sie auch mit ihm so leben können, wie er ist. Jeder möchte so genommen werden, wie er ist und nicht nach irgendwelchen Idealvorstellungen geformt werden.

227. Denkblockaden!

Jeder kennt sie und leidet hin und wieder an ihnen. Wenn Sie mal eine Denkblockade haben, bleiben Sie nicht stur bei der Sache. Nehmen Sie sich etwas Zeit, arbeiten Sie an etwas Anderem, und schon ist die Blockade wie weggeblasen.

228. Keine hohen Ansprüche an andere stellen!

Jeder Mensch lernt und denkt in seinem Tempo. Daher bringt es nichts, an jemanden zu hohe Ansprüche zu haben, die er sowieso nicht erfüllen kann. Bleiben Sie realistisch.

229. Wer nicht will, dass man ihm hilft, dem kann auch nicht geholfen werden!

So hart, wie es klingt, so wahr ist es aber auch. Geben Sie Ihr Bestes, einer Person zu helfen und bieten Sie Ihre Unterstützung an. Dann liegt es an der Person zu entscheiden. Ab dem Punkt müssen Sie loslassen.

230. Eine Nacht darüber schlafen!

Fällen Sie nie voreilige Entscheidungen, schlafen Sie immer eine Nacht darüber. Wenn man erholt und frisch aufwacht, sieht die Welt manchmal schon ganz anders aus.

231. Ein ernstgemeintes „Wie geht es dir?“

Wenn Sie merken, dass eine nahestehende Person betrübt zu sein scheint, lassen Sie sich auf die obige Frage nicht mit einem „Gut“ abwimmeln, es lohnt sich immer, nochmals nachzufragen. Ihr Gegenüber wird es schätzen.

232. Konstruktive Kritik anbringen!

Achten Sie immer auf Ihre Wortwahl und den Tonfall – gehen Sie sanft vor. Lernen Sie, Kritik so rüberzubringen, dass Ihr Gegenüber sich über Ratschläge freut und nicht geknickt davonläuft.

233. Zuhause als Ort der Ruhe!

Ihr Eigenheim sollte eine Oase der Ruhe und Zufriedenheit sein. Streichen Sie Wände, kaufen Sie Kissen, verändern Sie Ihre Räumlichkeiten so, dass sie für Sie zu einem Rückzugsort werden.

234. Einen Abend pro Woche für sich reservieren!

Nehmen Sie sich einen Abend in der Woche raus, an dem Sie etwas nur für sich unternehmen, und damit ist nicht das Erledigen von Hausarbeit gemeint. Es sollten ein paar Stunden der Entspannung sein.

235. Teuer ist nicht immer besser!

Wenn Sie qualitätsvolle Produkte kaufen wollen, müssen Sie nicht immer nur auf den Preis achten, oftmals zahlt man nur für die Marke, nicht aber die Qualität. Setzen Sie Ihr Geld immer weise ein.

236. Familie kann man sich nicht aussuchen!

Akzeptieren Sie Ihre Familie so, wie sie ist, mit all ihren Makeln. Schließlich können Sie sie sich nicht aussuchen, aber wenigstens so annehmen, wie sie ist.

237. Was ist für Sie der Sinn des Lebens, wofür leben Sie?

Denken Sie über diese Frage einmal 15 – 20 Minuten ganz in Ruhe nach. Sind Sie glücklich in diesem Moment? Was könnten Sie ändern?

238. Es läuft nicht immer alles nach Plan!

Je früher Sie diese Tatsache akzeptieren, desto ruhiger und weniger genervt werden Sie im Leben sein. Man kann nicht immer alles planen, und das ist auch gut so.

239. Wie sieht Ihre Zukunft aus?

War es wirklich schon immer *Ihr* Wunsch gewesen zu heiraten, Kinder zu kriegen und ein Haus zu bauen, oder ist das einfach etwas, das zum Leben dazugehört? Überlegen Sie sich, ob das auch wirklich in Ihren persönlichen Lebensstil passt.

240. Einmal pro Monat etwas Neues ausprobieren!

Versuchen Sie an einem freien Tag mal, etwas anders zu machen, und kommen Sie raus aus dem Gewohnheitstrott. Neue Erfahrungen stärken das Selbstbewusstsein und machen Mut noch mehr auszuprobieren.

241. Bei Streit Auszeit nehmen!

Wenn Sie merken, dass Sie und Ihr Gegenüber in einer festgefahrenen Situation stecken, soll jeder in einen anderen Raum gehen und sich eine 15-Minuten-Pause gönnen. So verhindern Sie, Dinge im Affekt zu sagen, die Sie im Nachhinein gar nicht so gemeint haben.

242. Sagen Sie nie „vielleicht“

Meist wissen wir schon im Voraus, ob wir etwas schaffen oder Lust haben werden. Halten Sie Menschen nicht unnötig auf, indem Sie den Türspalt noch einen Millimeter offenhalten.

243. Räumen Sie virtuell auf!

Schaffen Sie Ordnung in Ihrem Kopf, indem Sie alle unnötigen Onlineabonnements und Mitgliedschaften kündigen.

244. Achten Sie auf genug Schlaf!

Arbeiten Sie nicht noch bis spät in die Nacht, sondern achten Sie darauf, genug Schlaf zu bekommen. Denn nur ein ausgeruhter Geist kann richtig funktionieren.

245. Die Interessen des Partners kennenlernen!

Zeigen Sie Ihrem Partner, dass Sie sich für ihn als Person interessieren. Informieren Sie sich über seine Hobbys und reden Sie darüber.

246. Neue Gewohnheiten ausprobieren!

Sagen Sie sich nicht, dass Sie sich ab heute ändern müssen. Gehen Sie an die Sache ohne Druck ran und sagen Sie sich selbst, dass Sie das neue Ich einfach ausprobieren möchten. Wenn es Ihnen gefällt, können Sie mit einem guten Polster anfangen, an sich zu arbeiten.

247. Gefühle nicht wegfuttern!

Viele Menschen fangen an, bei Stress mehr und ungesund zu essen. Achten Sie auch in stressigen Zeiten auf Ihre Ernährung, nur so kann Ihr Körper genug Energie haben, um zu arbeiten.

248. Visualisieren!

Wenn Sie eine schwere Zeit durchmachen, helfen Sie sich, positiv zu denken, indem Sie visualisieren. Stellen Sie sich Ihre letzten Ferien oder ein schönes Ereignis mit allen Details, Farben und Gerüchen vor, und tauchen Sie so ins Glück ein.

249. Keine Angst, etwas zu verpassen!

Gehen Sie nicht auf Partys oder Treffen, nur weil Sie Angst haben, etwas zu verpassen. Gehen Sie dorthin, weil Sie es wollen. Nur so können Sie auch Spaß haben.

250. Fühlen Sie Empathie nur begrenzt!

Wenn Sie immer mit jedem in Ihrer Umgebung Mitleid haben, hilft das der Person und Ihnen selbst schon gar nicht. Zeigen Sie Gefühle, doch lassen Sie sich von ihnen nicht übermannen, sonst können Sie auch nicht helfen.

251. Tief atmen bei Schmerzen!

Üben Sie Ihren Biss im Alltag. Wenn Sie sich beispielsweise mal den kleinen Zeh anstoßen, johlen und schimpfen Sie nicht gleich los. Bewahren Sie Ruhe, atmen Sie ganz tief durch, und schon wird der Schmerz weniger.

252. Wichtige und heikle Gespräche immer vorbereiten!

Wenn Sie wissen, dass ein wichtiges Gespräch ansteht, bereiten Sie sich darauf und jede potentielle Situation vor. So verhindern Sie übermäßigen Stress und können auch nicht überrumpelt werden.

253. Worst Case Scenario!

Wenn Sie sich Sorgen machen, stellen Sie sich das Schlimmste vor, das überhaupt passieren kann. Gehen Sie die Szene durch, und beruhigen Sie sich dabei. Sie werden sehen, dass Sie auch das Schlimmste überstehen können.

254. Treffen mit Unbekannten!

Gehen Sie alleine auf kleine Events und lernen Sie neue Leute kennen. Nichts stärkt das Selbstbewusstsein und die Kommunikationsfähigkeiten mehr als die Bestätigung, bei Fremden sympathisch rüberzukommen.

255. Setzen Sie sich Fristen!

Egal, woran Sie gerade arbeiten, setzen Sie sich Fristen. So verhindern Sie, Dinge hinauszuschieben und behalten Ordnung.

256. Lassen Sie sich von niemandem sagen, dass Sie etwas nicht können!

Sie entscheiden darüber, was Sie machen wollen und können, das sind Sie alleine, Sie sind der Herr über Ihre Entscheidungen.

257. Raus an die frische Luft!

Nehmen Sie sich jeden Tag vor, für ein paar Minuten an die frische Luft zu gehen. Atmen Sie durch, spazieren Sie und lassen Sie Ihre Gedanken schweifen.

258. Liebe oder gernhaben!

Überlegen Sie gut, bevor Sie die Worte „Ich liebe dich“ aussprechen. Empfinden Sie wirklich Liebe für die Person oder doch nur Zuneigung? Machen Sie sich das Gewicht von Worten bewusst.

259. Interessen erweitern!

Fangen Sie an, sich für die Dinge zu interessieren, die Sie sonst nicht interessieren. Füllen Sie dort die Wissenslücken und versuchen Sie, auch an vermeintlich langweiligen Themen Spannendens zu entdecken.

260. Früh genug anfangen zu planen!

Ob es nur Ferien sind oder ein großer Umzug, egal, was Sie in der nächsten Zeit vorhaben werden, planen Sie es. Holen Sie Ihren Kalender und tragen Sie die Dinge ein.

261. Freundschaft und Liebe trennen!

Wenn der Kollege in einen anderen Kollegen verliebt ist und dies nicht erwidert wird, kann das eine Belastung für die Freundschaft werden. Wenn Sie merken, dass auch nach einer Absprache die Gefühle immer noch da sind, müssen Sie eine zeitliche Trennung in Betracht ziehen und nicht einfach so weitermachen, als ob nichts wäre.

262. Nicht zu einer Einheit verschmelzen!

Auch wenn Sie Interessen und Verhaltensweisen mit Ihrem Partner teilen, müssen Sie auch Sie selbst bleiben. Verschmelzen Sie nicht zu einer einheitlichen Masse.

263. Mehr auf den Körper hören!

Vergessen Sie nicht, immer mal wieder in sich hineinzuhorchen und zuzuhören, was Ihr Körper Ihnen zu sagen hat. Empfangen Sie die Signale und versuchen Sie, diese zu deuten.

264. Grübeln aus Langeweile!

Wenn einem langweilig ist, dann fängt man schnell an, sich unnötig Gedanken zu machen. Versuchen Sie also beim nächsten „Grübelanfall", aktiv zu werden und sich abzulenken, manchmal fliegen dann die Gedanken von alleine weg.

265. Nicht auf den Schlaf warten!

Ihr Bett sollte eine einladende Schlafoase sein. Schauen Sie dort kein Fernsehen oder surfen noch stundenlang im Internet. Mit dem Bett sollen Sie Entspannung und Ruhe verbinden. Wenn Sie also nicht schlafen können, stehen Sie auf und unternehmen Sie etwas, bis Sie der Schlaf übermannt.

266. Unabhängigkeit in der Beziehung bewahren!

Passen Sie sich nicht vollständig dem Partner an. Pflegen Sie Ihre Freundschaften und Hobbys, und unternehmen Sie zwischendurch auch etwas nur für sich, ohne den Partner.

267. Träume aufschreiben!

Träume sind die Botschaft unseres Unterbewusstseins. Schreiben Sie daher Ihre Träume auf und überlegen Sie sich, was sie Ihnen mitteilen wollen.

268. Nicht jedem alles blind anvertrauen!

Nicht alle Menschen wollen Ihnen immer etwas Gutes. Teilen Sie Privates und Persönliches wirklich nur mit denjenigen Menschen, denen Sie auch wirklich vertrauen.

269. Keine Ausreden benutzen!

Laden Sie sich nicht den Ballast auf, ein schlechtes Gewissen gegenüber jemandem zu haben, weil Sie nicht ehrlich waren. Benutzen Sie keine Ausreden, sondern sagen Sie gerade heraus, was Sache ist.

270. Vergessen Sie Neujahr!

Warten Sie nicht auf das neue Jahr, um sich Vorsätze zu machen. Was hält Sie davon ab, sich jetzt schon Vorsätze zu machen? Diesen Monat? Notieren Sie in Ihrem Kalender rot ein Datum.

271. Lieber selbstgemacht als gekauft!

Ein schönes Geschenk muss nicht teuer sein. Verschenken Sie Selbstgemachtes, das auch wirklich von Herzen kommt.

272. Privates privat behalten!

Erzählen Sie Arbeitskollegen nicht zu viel Privates von sich, was nicht angemessen für den Arbeitsplatz ist. Trennen Sie Privates und Berufliches, und wahren Sie diese Balance.

273. Die persönliche Beruhigungsmethode!

Finden Sie heraus, was Sie wieder auf den Boden zurückbringt, wenn Sie gestresst sind. Probieren Sie verschiedene Methoden aus, und bleiben Sie kreativ.

274. Verkleiden Sie sich!

Probieren Sie verschiedene Stile und Farben aus, wenn es um Kleider geht. Schliesslich ist Kleidung eine Art, um sich auszudrücken und den Menschen ein Stück weit zu zeigen, wer man ist.

275. Nicht schwärmen, sondern ansprechen!

Drücken Sie Ihre Gefühle für eine Ihnen wichtige Person aus, und himmeln Sie diese nicht vom Hintergrund aus an.

Es ist besser, reinen Tisch zu machen und zu wissen, woran man ist, als sich Hoffnungen zu machen, die dann umsonst waren.

276. Sich mit Ängsten konfrontieren!

Jeder Mensch hat Ängste, doch man muss nicht mit ihnen leben. Stellen Sie sich Ihren Ängsten, und beginnen Sie, an diesen zu arbeiten. Lassen Sie sich nicht von Dingen ausbremsen, die Sie selbst in der Hand haben und ändern können.

277. Reisen muss nicht teuer sein!

Es lassen sich auch wunderschöne und entspannte Ferien mit einem kleinen Budget verbringen. Lassen Sie sich nicht durch Geld von schönen Erlebnissen und Orten abhalten, fangen Sie an zu recherchieren.

278. „Andere haben es immer besser"

Streichen Sie diesen Gedanken für immer aus Ihrem Kopf, denn Sie wissen schlichtweg nicht, ob es andere wirklich besser haben.

279. Einer Gruppe anschließen!

Eine Gruppe von Menschen kann schon sehr einschüchternd sein, vor allem wenn man sie nicht gut kennt. Doch sehen Sie es so: Dort wird Ihnen ganz bestimmt nicht der Gesprächsstoff ausgehen und wenn Sie jemand nicht dabeihaben will, dann wird er schon was sagen. Ansonsten machen Sie es sich gemütlich.

280. Suchen Sie sich Freizeitbeschäftigungen nach Ihrer Persönlichkeit!

Wenn Sie ein eher introvertierter Mensch sind, zwingen Sie sich nicht, auf überfüllte Partys zu gehen. Freizeit sollte Freude bereiten und auf Sie zugeschnitten sein, suchen Sie nach etwas Passendem.

281. Bringen Sie sich selbst ins Gespräch ein!

Warten Sie nicht darauf, dass man nach Ihrer Meinung fragt oder dass Sie jemand auffordert. Reden Sie einfach mit, es wäre ja auch langweilig, die ganze Zeit nur zuzuhören.

282. Als Frau einen Mann ansprechen!

Wenn Ihnen ein Mann gefällt, sprechen Sie ihn an, wieso warten? Und wenn Sie als Mann angesprochen werden, nehmen Sie es an, und verzichten Sie auf Ihr männliches Ego. Wieso Chancen auf die Liebe aus Prinzipien verpassen?

283. Ehrliche Komplimente!

Machen Sie nicht einfach so Komplimente, um etwas gesagt zu haben. Die wahre Freude kommt nur von einem ehrlichen Kompliment, falsche fliegen auf und schüren nur Missmut und Misstrauen.

284. Machen Sie andere nicht verantwortlich für Ihr Unglück!

Niemand ist schuld an Ihrem Unglück, es liegt an Ihnen, etwas aus einer schwierigen Situation zu machen und nach vorne zu blicken. Nur Sie können etwas an Ihrer Lage ändern.

285. Nicht immer gegen den Strom schwimmen!

Obwohl Individualität immer an oberster Stelle stehen sollte, muss man nicht zwanghaft immer gegen den Strom schwimmen, um anders zu sein. Manchmal darf man auch einfach mitschwimmen.

286. Passen Sie sich der Situation an!

Stress entsteht nur, wenn man die Situation als bedrohlich einschätzt und merkt, dass man diese Situation mit seinen Ressourcen nicht lösen kann.

Versuchen Sie daher immer, die Situation auf Sie zugeschnitten zu interpretieren.

287. Stehen Sie sich selbst nicht im Weg!

Legen Sie sich durch negative Gedanken und Pessimismus nicht noch selbst Steine in den Weg. Durch positives Denken ebnen Sie Ihren Pfad.

288. Schönheit liegt im Auge des Betrachters!

Was als schön angesehen wird, ist immer individuell.

289. Selbsterfüllende Prophezeiungen!

Dieses Phänomen entsteht, wenn Situationen aufkommen, vor denen man sich am meisten gefürchtet hat. Das, was Sie erwarten, werden Sie auch unbewusst erfüllen. Ein Grund mehr, positiv zu denken.

290. Händchenhalten mit dem Partner!

Wieso nicht mal wieder wie ein junges, verliebtes Paar händchenhaltend durch die Stadt laufen? – Körperkontakt vermittelt Sicherheit und Innigkeit.

291. Leidenschaft!

Wann empfinden Sie Leidenschaft, wobei? – Suchen Sie nach diesem Moment und durchleben Sie diesen so oft wie möglich. Leidenschaft ist ein Motor zum Tatendrang.

292. Wieso mehr Geld?

Im Kapitalismus möchte jeder immer mehr Geld. Gehören Sie auch dazu? – Was würden Sie sich damit kaufen und würde das Ihr Leben wirklich so sehr verbessern? – Antworten Sie ehrlich. Was wären Sie auch bereit, dafür zu tun?

293. Freundschaften pflegen!

Beziehungen sind wie Pflanzen: Wenn man sie regelmäßig pflegt, gedeihen und wachsen sie und bereiten einem Freude.

294. Vergleichen Sie sich nicht mit anderen!

Selten hat uns ein Vergleich mit anderen besser fühlen lassen. Seien Sie Ihr eigener Maßstab, und messen Sie sich nicht mit anderen, das bringt Sie nicht weiter, und glücklich macht es schon gar nicht.

295. Arbeiten Sie an Vorurteilen!

Stereotypes Denken ist Gift für die Gesellschaft und Menschlichkeit. Verurteilen Sie Menschen nicht aufgrund des ersten Eindrucks, holen Sie sich so viele Eindrücke wie möglich.

296. Das Unvorhersehbare schätzen lernen!

Was würde passieren, wenn Sie schon Ihre ganze Zukunft kennen, würden Sie das wollen? – Nein, ganz bestimmt nicht. Dann wäre ja alles langweilig und emotionslos.

297. Optimismus!

Positives Denken dient als Schutzmechanismus unseres Geistes. Auch falscher Optimismus schützt vor negativen Gefühlen. Auch wenn Sie sich einer Sache nicht sicher sind, lohnt es sich also trotzdem, optimistisch zu bleiben.

298. Achten Sie auf Ihre Atmung!

Flaches und unregelmäßiges Atmen kann zu Müdigkeit und Konzentrationsproblemen führen. Erinnern Sie sich immer daran, zwischendurch tief einzuatmen, und Sie werden sich federleicht und frischer fühlen.

299. Berufswechsel!

Wenn Sie sehen, dass Ihr aktueller Job Sie unglücklich macht, zögern Sie nicht zu kündigen. Es lässt sich immer etwas für jeden finden, gehen Sie gleich auf die Suche.

300. Halten Sie Versprechen!

Versprechen geben muss gut überlegt sein. Wenn Sie sich dazu entschieden haben, ziehen Sie es durch. Sie sind es der Person und vor allem sich selbst schuldig.

301. Keine Gefallen aus Prinzip machen!

Machen Sie nicht alles, worum Sie gebeten werden, nur weil es Ihr Freund oder ein Familienmitglied ist. Sie sind durch eine Beziehung nicht verpflichtet, Dienstleistungen zu erbringen.

302. Mittel zum Zweck!

Leben Sie aus Mittel zum Zweck? Was ist der Zweck, wieso machen Sie das, was Sie tun?

303. Wärme und Sonne!

Umgeben Sie sich im Alltag mit warmem Kerzenschein oder Sonnenlicht, das wärmt nicht nur Ihr Äußeres, sondern auch das innere Gemüt.

304. Probleme in Kreativität umwandeln!

Wenn Sie Probleme und Gedanken plagen, versuchen Sie, daraus etwas Produktives zu machen. Malen Sie (Mandalas), musizieren Sie, finden Sie ein kreatives Ventil.

305. Nicht nach Prinzipien leben!

Tun Sie Dinge nicht aus Prinzip, weil es „einfach so ist“. Überlegen Sie sich stets, *wieso* Sie etwas tun, und denken Sie über Ihre Prinzipien hinaus.

306. Nicht immer alles auf den sozialen Netzwerken teilen!

Es muss nicht immer jeder wissen, wo Sie sich gerade befinden oder was Sie gerade machen. Sie müssen niemandem etwas beweisen, lernen Sie, für sich selbst zu genießen und nicht für andere.

307. Glück ist erlernbar!

Behalten Sie das immer im Kopf. Niemand ist unglücklich geboren, man muss nur anfangen, an sich und seinen Weltvorstellungen zu arbeiten.

308. Aggressionen nicht rauslassen!

Schlagen Sie nicht um sich, werfen Sie nicht mit Sachen, wenn Sie wütend sind. Lösen Sie das Problem mit sich selbst und Ihren inneren Gefühlen. Nach einem Gefühlsausbruch gerät der Geist ins Ungleichgewicht und macht ein schlechtes Gewissen.

309. Wichtiges selbst machen!

Lassen Sie nicht von Ihrem Partner Ihre Finanzen erledigen oder die Steuern von einem Berater. Selbstständigkeit ist eine Bestätigung für sich selbst, und Unabhängigkeit macht auf Dauer glücklicher.

310. Nicht in Selbstmitleid baden!

Man darf für die ersten paar Minuten in Selbstmitleid baden, doch das war's dann auch schon! Danach müssen Sie aufstehen und kämpfen, denn wenn Sie liegenbleiben, haben Sie schon verloren.

311. Bildung ist nicht alles!

Beurteilen Sie Menschen nicht nach ihrer Bildung und ihrem Beruf. Es gibt viele persönliche Gründe oder äußere Umstände, wieso jemand einen gewissen Bildungsweg eingeschlagen hat. Das sagt jedoch nichts über die Person selbst aus.

312. Den Körper akzeptieren!

Manche haben breitere Schultern, andere schmale. Manche sind fester gebaut, andere haben Probleme zuzunehmen. Es gibt nicht *den* einen Körper. Akzeptieren Sie, was Ihr Körper leisten kann, und nehmen Sie ihn so an, wie er ist.

313. Mit Kleinigkeiten die Umwelt verbessern!

Um sich besser zu fühlen, muss man nicht Unmengen an Geld an Hilfsorganisationen spenden. Schalten Sie das Licht aus, verbrauchen Sie weniger Wasser, achten Sie auf Recycling.

314. Kleider neu kombinieren!

Kaufen Sie nicht ständig neue Kleider, sondern überlegen Sie, ob Sie einige Teile wieder neu kombinieren können. Ihr Portemonnaie und Ihr Gewissen werden es Ihnen danken.

315. Anderen Dankbarkeit zeigen!

Gibt es Menschen, denen Sie für etwas im Leben dankbar sind? – Dann sagen Sie ihnen das, rufen Sie an, oder schreiben Sie einen Brief.

316. Umräumen!

Verändern Sie die Lage der Möbel in Ihrem Wohnzimmer, und bringen Sie so etwas Abwechslung in den Alltag.

317. Bleiben Sie authentisch!

Passen Sie sich nicht einer bestimmten Gesellschaft an, sondern bleiben Sie authentisch.

Auf Dauer machen ein falsches Lächeln und das Verstecken des wahren Ichs unglücklich und müde.

318. Nichts schönreden!

„Vielleicht ist es ja gar nicht so schlimm." Wagen Sie es nie, Dinge schönzureden und sie somit zu verdrängen. Stellen Sie sich vor vollendete Tatsachen.

319. Distanz zulassen!

Eine jede Beziehung braucht neben Zusammensein genau so viel Abstand. Hocken Sie nicht jeden Tag aufeinander, sondern lassen Sie auch Distanz zu.

320. Trennung auf Zeit!

Wenn es mit einer Beziehung nicht klappt, trennen Sie sich nicht sofort. Vereinbaren Sie eine Trennung auf Zeit für einige Monate ohne jeglichen Kontakt, und schauen Sie, wie es Ihnen ohne den Anderen geht.

321. Lästern Sie nicht!

Reden Sie nicht schlecht über andere, das verdirbt Ihren Charakter und bringt niemandem etwas. Meist weiß man nicht viel über die Person und ihr Leben, und dann hat man auch kein Recht, darüber zu urteilen.

322. Trennen – dann aber richtig!

Ob Beziehung oder Freundschaft, nach der etlichen Zeit, die man miteinander verbracht hat, hat es jeder verdient, dass man richtig mit ihm Schluss macht. Lassen Sie der Person Zeit, und sprechen Sie sich aus.

323. Niemanden idealisieren!

Betrachten Sie jeden Menschen realistisch, jeder hat Ecken und Kanten, die dazugehören. Lassen Sie sich nicht von der Außenfassade verblenden.

324. Keine romantischen Floskeln benutzen!

Sagen Sie nicht Dinge, wie: „Auf immer und ewig“. So schön es auch wäre, Sie wissen es nicht. Leben Sie zusammen ohne übermächtige Erwartungen und ohne die romantischen Idealvorstellungen.

325. Schämen Sie sich nicht für Ihre Begleitung!

Nehmen Sie Ihre Freunde, Familienmitglieder und Nahestehenden so, wie sie sind und schämen Sie sich nicht für das, was sie sind. Sonst müssen Sie definitiv etwas an sich ändern und nicht etwa an den Anderen.

326. Nicht einfach nur zusehen!

Wenn Sie Ungerechtigkeit sehen, schreiten Sie ein und sehen Sie nicht nur zu. Sagen Sie etwas und helfen Sie, sonst wird Sie dies nicht mehr loslassen.

327. Loben Sie!

Wenn jemand etwas gut gemacht hat, loben Sie die Person. Sie wird sich freuen und somit auch automatisch Sie.

328. Von Verliebtheit zu Liebe!

Wenn die Verliebtheit weicht, macht sie Platz für Liebe. Man kann nicht auf ewig Schmetterlinge im Bauch haben, und das ist auch gut so, denn erst jetzt beginnt die richtige Beziehung.

329. Finger weg von Magazinen!

Lesen Sie keine Klatschblätter oder Männermagazine mit unrealistischen Körperbildern und Ideal, das macht alles andere als glücklich.

330. Date Night!

Gehen Sie zwischendurch schön aus, ob mit dem Partner oder Freunden. Machen Sie sich chic, fühlen Sie sich begehrenswert.

331. Geben und Nehmen!

In jeder Beziehung sollte ein Ausgleich zwischen Nehmen und Geben bestehen. Überlegen Sie sich, wie es in Ihrer Beziehung aussieht. Nur durch die richtige Balance kann es ein erfüllendes Zusammensein geben.

332. Keine Angst vor dem Tod!

Irgendwann müssen wir alle sterben. Fürchten Sie sich nicht vor dem Tod, sondern leben Sie Ihr Leben in vollen Zügen ohne Angst.

333. Nicht immer gleich gekränkt fühlen!

Die ganze Welt hat sich nicht gegen Sie gerichtet, auch wenn man manchmal dieses Gefühl hat. Seien Sie nicht zu überempfindlich und leicht gekränkt, nehmen Sie Dinge mit Humor und Gelassenheit.

334. Keine Angst vor Ablehnung!

Zögern Sie nicht, etwas zu tun, nur weil Sie Angst vor Ablehnung haben. Wenn Sie von jemandem abgelehnt werden, nur weil Sie Sie selbst waren, ist diese Person Ihre Aufmerksamkeit nicht wert.

335. Hierarchien vermeiden!

In guten Beziehungen sind die Leute miteinander auf Augenhöhe. Hierarchische Beziehungen gehören in die Arbeitswelt, jedoch nicht ins Privatleben.

336. Nichts erzwingen!

Manchmal fliegt der Funke einfach nicht rüber, oder die Person findet Sie schlichtweg nicht sympathisch. Das passiert jedem, akzeptieren Sie das, und versuchen Sie nicht, etwas zu erzwingen, wo es nichts zu holen gibt.

337. Single-Leben genießen!

Rennen Sie nicht von einer Beziehung in die nächste. Lernen Sie, mit sich selbst glücklich zu sein und auch einmal alleine etwas zu unternehmen.

338. Woran ist Ihre letzte Beziehung gescheitert?

Trennungen schmerzen, ja. Doch man kann aus ihnen eine Menge für zukünftige Beziehungen lernen. Fragen Sie sich, was Sie und Ihr Gegenüber falsch gemacht haben. Es gibt immer zwei Seiten.

339. Anzahl der Freunde spielt keine Rolle!

Facebook und Co. vermitteln uns schnell einmal, dass es normal ist, 300 „Freunde" zu haben. Umgeben Sie sich mit ein paar wenigen, richtigen Freunden, und pflegen Sie diese Beziehungen umso intensiver – die sind es auch wert.

340. Liste von positiven Eigenschaften!

Stärken Sie Ihr Selbstbewusstsein, indem Sie jeden Tag eine positive Eigenschaft von sich aufzählen. Wenn Sie mal verunsichert sind, nehmen Sie die Liste zur Hand, und erinnern Sie sich, wie großartig Sie sind.

341. Was hat Sie heute aufgeregt?

Überlegen Sie sich ganz genau, ob es wirklich wert war, sich über diese Sache zu ärgern.

342. Finanzen trennen!

Legen Sie Ihr gesamtes Geld nicht auf ein Konto. Eröffnen Sie verschiedene, und trennen Sie das Geld nach seinem Zweck, so behalten Sie mehr Übersicht, und es hilft beim Sparen.

343. Familie in Probleme einweihen!

Damit eine friedliche Familiendynamik herrschen kann, sollten stets immer alle Mitglieder der Familie eingeweiht werden. Niemand sollte sich ausgeschlossen fühlen.

344. Fehler eingestehen können!

Wenn Sie einen Fehler begangen oder jemanden verletzt haben, schlucken Sie Ihren Stolz runter, und entschuldigen Sie sich bei der Person. Eine wahre Entschuldigung lässt die Last von der Seele sogleich abfallen.

345. Es gibt immer etwas zu verbessern!

Das Leben wird nie ganz perfekt sein. Es wird immer etwas zum Verbessern geben. Akzeptieren Sie diese Tatsache, und überlegen Sie sich, woran es sich zu arbeiten lohnt.

346. Rituale einführen!

Essen Sie regelmäßig mit der Familie, treffen Sie sich beispielsweise am ersten Mittwoch eines Monates mit Ihrem besten Freund und so weiter. Rituale stärken die Beziehungen, und man bleibt einfach in Kontakt.

347. Verschulden Sie sich nicht!

Sparen Sie, auch wenn es nicht der einfachere Weg ist. Verleiten Sie sich nicht dazu, Kredite aufzunehmen, von denen Sie nicht wissen, ob Sie sie bezahlen können.

348. Kooperieren Sie!

Arbeiten Sie an Ihrer Teamfähigkeit. Gemeinsam macht alles mehr Spaß und entlastet einen ungemein.

349. Der perfekte Partner, Elternteil und Freund!

Verabschieden Sie sich vom Gedanken, der perfekte Vater oder die perfekte Freundin sein zu können. Geben Sie in einer Beziehung das Beste, das reicht!

350. Ziehen Sie früh genug die Notbremse!

Wenn Sie merken, dass Ihre Gefühle aus dem Gleichgewicht geraten sind und Sie nicht mehr weitermachen können, holen Sie sich Hilfe und machen Sie nicht weiter, als ob nichts wäre.

351. Sichern Sie sich ab!

Zum Gefühl der Sicherheit können Sie viel beitragen, indem Sie sich richtig versichern. Es lohnt sich, in Vorsorge zu investieren, für später, aber auch schon für jetzt.

352. Nehmen Sie die jungen Menschen ernst!

Wenn wir jetzt auf unsere Jugend zurückblicken, sehen die damaligen Probleme nichtig aus. Doch für Menschen in dieser Phase sind sie real und belastend, hören Sie also mit Verständnis zu, und erinnern Sie sich, wie es Ihnen damals ergangen ist.

353. Richtig aufmuntern können!

„Morgen ist ein neuer Tag", „Lächle doch mal" – solche Sprüche sind gut gemeint, helfen jedoch höchstens Ihnen selbst, damit Sie sich besser fühlen, um etwas gesagt zu haben. Oft reicht es auch aus, einfach zuzuhören.

354. Werden Sie Experte auf einem Gebiet!

Finden Sie etwas, das Ihnen Freude macht und Sie entspannt, und werden Sie dann Experte auf diesem Gebiet.

355. Zeitfresser identifizieren!

Wenn Sie das Gefühl haben, dass die Zeit schnell vergeht und Sie nie Zeit für Wichtiges habe, überlegen Sie sich, was die Zeitfresser in Ihrem Leben sind.

356. Nutzen Sie auch das Wochenende!

Legen Sie sich am Wochenende nicht nur auf die faule Haut, sondern machen Sie auch dort etwas Produktives. Der gute Mix macht es aus.

357. Hinterfragen Sie, was Ihnen beigebracht wurde!

Die Erziehung und das Gelernte haben sich meist in unseren Köpfen eingebrannt. Hinterfragen Sie das, und überlegen Sie sich, ob das Gelernte immer noch zu Ihnen passt.

358. Namen häufiger benutzen!

Statt nur „Hallo" zu sagen, nennen Sie – vor allem neue Bekanntschaften – beim Namen, das schafft Vertrautheit und zeigt dem Gegenüber, dass er Ihnen wichtig ist.

359. Mit positiven Gedanken einschlafen!

Damit der Schlaf erholsam ist und Sie mit voller Energie durchstarten können, nehmen Sie sich vor, nur mit positiven Gedanken ins Bett zu gehen.

360. Personalisieren Sie Ihren Arbeitsplatz!

Machen Sie es sich auch auf der Arbeit gemütlich, stellen Sie eine Pflanze hin oder ein Familienfoto. So wird der Arbeitsplatz schon viel einladender.

361. E-Mails nach der Arbeit nicht mehr checken!

Seien Sie nach der Arbeit nicht mehr erreichbar. Stellen Sie die E-Mail-Benachrichtigung bis zum nächsten Morgen ab, und genießen Sie Ihre Freizeit.

362. Am Morgen gemütlich nehmen!

Es lohnt sich, am Morgen etwas früher aufzustehen und ohne Stress zu frühstücken. So können Sie entspannt und nicht schon völlig gestresst in den Alltag starten.

363. Verschiedene Rollen im Leben annehmen!

Seien Sie nicht nur Mutter oder nicht nur der Partner. Wechseln Sie die Rollen, und leben Sie jeden Tag verschiedene Variationen davon.

364. Schreiben Sie Tagebuch!

Es muss kein spektakulärer Tag oder Probleme vorhanden sein. Lassen Sie einfach einmal den Tag Revue passieren. Es kann auch ein Dankbarkeitstagebuch sein.

365. Übung macht den Meister!

Man wird nicht von einem Tag auf den anderen ein neuer, glücklicherer Mensch. Arbeiten Sie jeden Tag an sich, Ihren Gedanken und Ansichten, dann wird das Glück von ganz alleine kommen.

Schlusswort

Diese 365 Inspirationen oder Gedanken für jeden Tag sollen Ihnen dazu dienen, die Kraft des menschlichen Geistes bewusst wahrzunehmen. Lesen Sie dieses Buch jederzeit wieder nach, nur so verinnerlichen Sie die Tipps.

Es sind nämlich die aufgeführten Tipps und Informationen, die dabei helfen werden, Ihr Ziel anzuvisieren und dauerhaft zu verfolgen. Weitere einfache Schritte, die sich selbstverständlich anhören, jedoch immer wieder vergessen werden oder nur theoretisch bleiben, sind die gezielte Wahl eines positiven Umfeldes und die Beseitigung alles Negativen und Energieraubenden aus Ihrem Leben. Schauen Sie sich in Ihrem Umfeld um: Wer schenkt Ihnen Energie und Motivation nach einem Gespräch? Von wem erfahren Sie immer etwas Neues und Interessantes, das zu Ihrer Bildung und Selbstfindung beiträgt? Schließlich, in wessen Anwesenheit fühlen Sie sich wohl als Sie selbst, ohne die Notwendigkeit, sich zu verstellen?

5 Bonus Inspirationen zum Schluss:

1. Der Klügere gibt nach!

Wenn Sie sehen, dass Ihr Gegenüber auf seiner Meinung beharrt und Sie sich nicht einigen können, geben Sie nach, und gehen Sie Ihres Weges. Sie haben nichts davon, eine Diskussion oder einen Streit zu führen, der sich nicht gewinnen lässt.

2. Schuldgefühle bringen wenig!

Alle alten Schuldgefühle sollten Sie in einer Meditationssitzung aufspüren und lösen. Dies kann Ihnen wertvolle Informationen zur inneren Führung liefern.

3. Haben Sie Mut!

Mut, auch um Hilfe in einem Gebet zu erbitten. Sorgen werden erhört, aber auch aufrichtiger Dank wird mit Sicherheit belohnt. Nur wer bittet, der wird auch empfangen.

4. Sie allein sind Ihr Schöpfer!

Fragen Sie sich:" Was will ich wirklich?" Nur Sie steuern Ihr Essverhalten und Ihre Lebenseinstellung. Wollen Sie Veränderung, dann gibt es jede Menge Möglichkeiten.

Wenn Sie bestimmte Aufgaben erledigen müssen und diese als Stress ansehen, dann werden Ihnen diese Aufgaben besonders schwerfallen. Sehen Sie jedoch bestimmte Aufgaben als Gewohnheiten an, wie auch das Zähneputzen, dann nimmt dies der Körper nicht als Stressfaktor auf und kann die Aufgaben besser erledigen. Nehmen Sie sich kleine Ziele vor, und erschaffen Sie sich Ihre eigene Realität, wie Sie es haben möchten.

5. Liebe ist die stärkste Kraft!

Welchen Schaden Worte anrichten können, brauche ich hier nicht zu schreiben. Wunden, verursacht von hasserfüllten Worten, heilen nur sehr, sehr langsam, wenn überhaupt. Ohne falsche Zurückhaltung sollten Sie andere Menschen aus einer anderen Perspektive beurteilen. Vergessen Sie nie: Je mehr Sie geben, desto mehr werden Sie auch erhalten, ob dies nun negative oder positive Handlungen sind.

Ändern Sie Ihre Denkweise, jetzt sofort, denn die hat Sie genau an diesen Punkt in Ihrem Leben gebracht.

Starten Sie jetzt, fragen Sie das Universum nach dem, was Sie erreichen wollen, und achten Sie auf die Zeichen. Fangen Sie an, das Leben zu lieben und zu genießen.

Hören Sie auf Ihr Inneres, vertrauen Sie auf Ihr Bauchgefühl, denn bekanntlich lügt es nie! Die Überwindung der Angst, das Rauskommen aus der Komfortzone und Mut zahlen sich aus, das ist garantiert! Sie haben alles in Ihren Händen und können Ihr Leben jederzeit verändern, vergessen Sie das nie!

Sie werden Fülle, Glück und den Frieden mit ruhigem Gewissen erleben. All die täglichen Herausforderungen werden Sie meistern. Nutzen Sie die Meditationsübungen, diese werden die Konzentration im Alltag erleichtern. Ein hilfreicher Weg, der kaum aus unserem Leben wegzudenken ist.

Nutzen Sie Diskussionen in Foren oder den Austausch von Ideen, Sie werden sehen, es ermöglicht Ihnen, neue Wege zu persönlichem Wachstum zu finden. Der Mensch ist immer auf der Suche nach irgendeiner Art von Erfüllung im Leben.

Die meisten sind nie zufrieden mit dem, was sie bereits besitzen, und bewegen sich unruhig in die nächste Entdeckungs-Technik. Die Kehrseite dieser Unruhe ist, dass es schließlich eine negative Auswirkung auf den Zustand von Körper und Geist haben wird. Wenn Sie das Grundverständnis dafür gewonnen haben, werden Sie die enormen Vorteile schätzen lernen, um Körper und Geist in ruhigem und glücklichem Zustand zu halten.

Nutzen Sie diese Möglichkeit, und entwickeln Sie eine gesunde Lebenshaltung für ein glückliches und erfülltes Leben.

In diesem Sinne wünsche ich Ihnen das Allerbeste.

Dankeschön

Ihre Barbara Costa

Quellenangaben:

https://de.depositphotos.com/32782421/stock-illustration-watercolor.html

32113190R00051

Printed in Poland
by Amazon Fulfillment
Poland Sp. z o.o., Wrocław